Complicated Kris Northern

"This image illustrates some of the best qualities of fractals—infinity, reiteration, and self similarity." – **Kris Northern**

Investigations
IN NUMBER, DATA, AND SPACE®
en español

Oficinas editoriales: Glenview, Illinois • Parsippany, Nueva Jersey • Nueva York, Nueva York
Oficinas de ventas: Boston, Massachusetts • Duluth, Georgia
Glenview, Illinois • Coppell, Texas • Sacramento, California • Mesa, Arizona

The Investigations curriculum was developed by TERC, Cambridge, MA.

This material is based on work supported by the National Science Foundation
("NSF") under Grant No.ESI-0095450. Any opinions, findings, and conclusions or
recommendations expressed in this material are those of the author(s) and do not
necessarily reflect the views of the National Science Foundation.

ISBN: 0-328-29475-6

ISBN: 978-0-328-29475-6

3 4 5 6 7 8 9 10-V057-15 14 13 12 11 10 09 08
CC:N2

Palabras e ideas de matemáticas

Números y operaciones

Tabla de contenido

Patrones y funciones

Datos y probabilidad

Geometría

Tabla de contenido

Juegos

Tabla de juegos   159

El *Manual de matemáticas para el estudiante* es un libro de referencia. Tiene dos secciones.

Palabras e ideas de matemáticas

Estas páginas ilustran palabras e ideas de matemáticas importantes que has estado aprendiendo en la clase de matemáticas. Puedes usar estas páginas para pensar en o repasar un tema de matemáticas. Se identifican términos importantes y se proveen problemas relacionados.

Palabras e ideas de matemáticas

Dobles

Cualquier número más sí mismo es un doble.
Éstos son los dobles del 1 al 10.

$1 + 1 = 2$	$2 + 2 = 4$
$3 + 3 = 6$	$4 + 4 = 8$
$5 + 5 = 10$	$6 + 6 = 12$
$7 + 7 = 14$	$8 + 8 = 16$
$9 + 9 = 18$	$10 + 10 = 20$

¿Observas un patrón en los dobles? ¿Cuáles sabes? ¿En cuáles estás todavía trabajando?

cuarenta y siete · MME 47

▲ **Manual de matemáticas para el estudiante, pág. 47**

Juegos

Puedes usar las páginas de juegos para estudiar las reglas de los juegos durante la clase o en casa. También hay una lista de los materiales y hojas de anotaciones que se necesitan para jugar a cada juego.

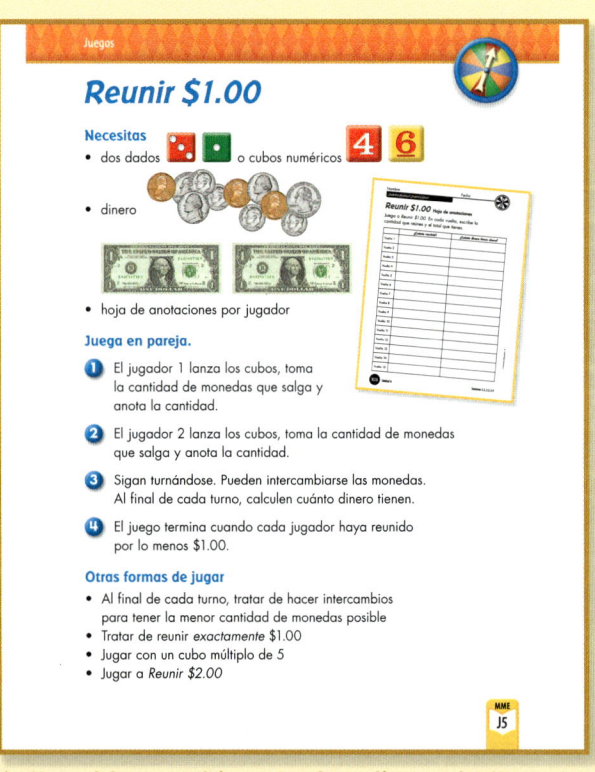

Juegos

Reunir $1.00

Necesitas
- dos dados o cubos numéricos
- dinero
- hoja de anotaciones por jugador

Juega en pareja.

1 El jugador 1 lanza los cubos, toma la cantidad de monedas que salga y anota la cantidad.

2 El jugador 2 lanza los cubos, toma la cantidad de monedas que salga y anota la cantidad.

3 Sigan turnándose. Pueden intercambiarse las monedas. Al final de cada turno, calculen cuánto dinero tienen.

4 El juego termina cuando cada jugador haya reunido por lo menos $1.00.

Otras formas de jugar
- Al final de cada turno, tratar de hacer intercambios para tener la menor cantidad de monedas posible
- Tratar de reunir *exactamente* $1.00
- Jugar con un cubo múltiplo de 5
- Jugar a *Reunir $2.00*

MME J5

▲ **Manual de matemáticas para el estudiante, pág. J5**

Las páginas de **Práctica diaria** y de **Tarea** incluyen páginas útiles del *Manual de matemáticas para el estudiante* (MME).

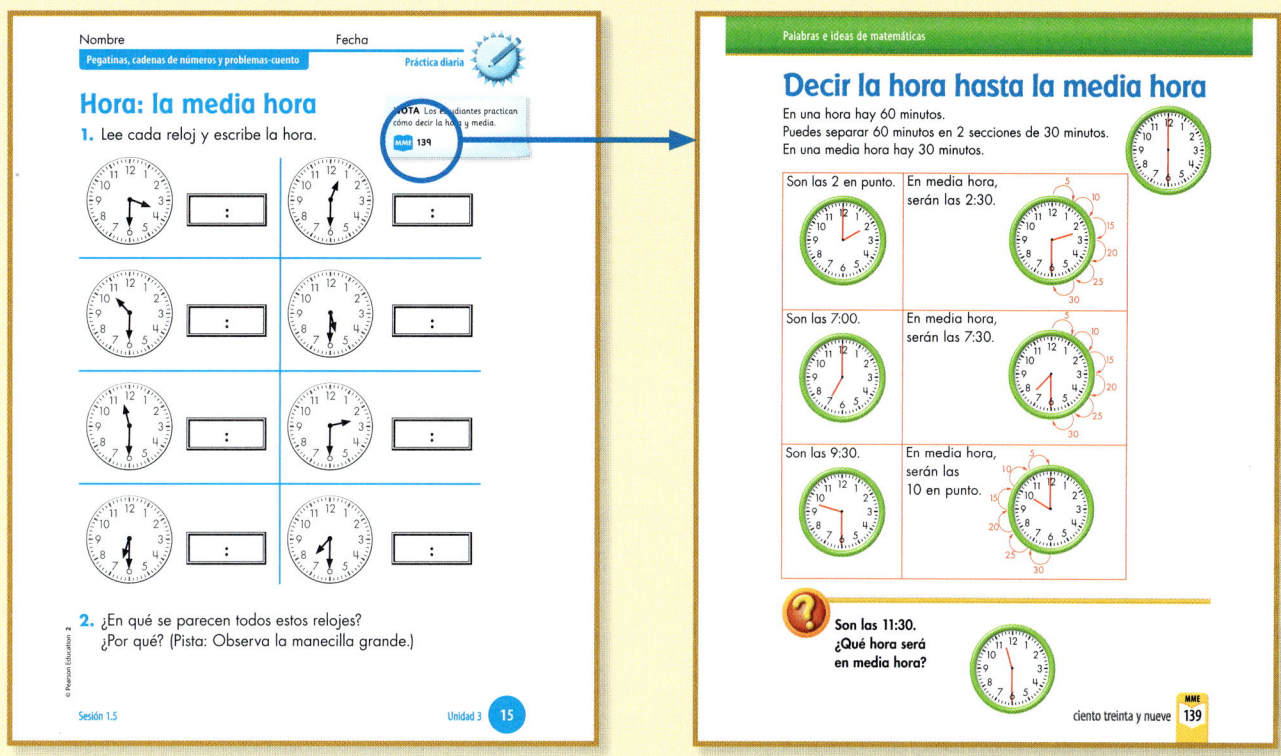

▲ Cuaderno de actividades, Unidad 3, pág. 15

▲ Manual de matemáticas para el estudiante, pág. 139

▲ Cuaderno de actividades, Unidad 5, pág. 51

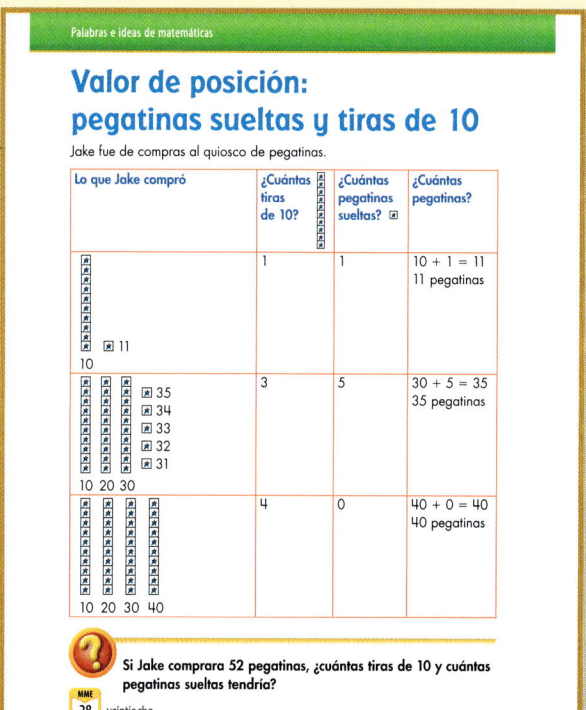

▲ Manual de matemáticas para el estudiante, pág. 28

Números

0	cero	
1	uno	
2	dos	
3	tres	
4	cuatro	
5	cinco	
6	seis	
7	siete	
8	ocho	
9	nueve	

10	diez	
11	once	10 + ▢
12	doce	10 + ▢▢
13	trece	10 + ▢▢▢
14	catorce	10 + ▢▢▢▢
15	quince	10 + ▢▢▢▢▢
16	dieciséis	10 + ▢▢▢▢▢▢
17	diecisiete	10 + ▢▢▢▢▢▢▢
18	dieciocho	10 + ▢▢▢▢▢▢▢▢
19	diecinueve	10 + ▢▢▢▢▢▢▢▢▢

20	veinte	
21	veintiuno	20 +
22	veintidós	20 +
23	veintitrés	20 +
24	veinticuatro	20 +
25	veinticinco	20 +
26	veintiséis	20 +
27	veintisiete	20 +
28	veintiocho	20 +
29	veintinueve	20 +

30	treinta	
31	treinta y uno	30 +
32	treinta y dos	30 +
33	treinta y tres	30 +
34	treinta y cuatro	30 +
35	treinta y cinco	30 +
36	treinta y seis	30 +
37	treinta y siete	30 +
38	treinta y ocho	30 +
39	treinta y nueve	30 +

40	cuarenta	
41	cuarenta y uno	40 +
42	cuarenta y dos	40 +
43	cuarenta y tres	40 +
44	cuarenta y cuatro	40 +
45	cuarenta y cinco	40 +
46	cuarenta y seis	40 +
47	cuarenta y siete	40 +
48	cuarenta y ocho	40 +
49	cuarenta y nueve	40 +

50	cincuenta	
51	cincuenta y uno	50 +
52	cincuenta y dos	50 +
53	cincuenta y tres	50 +
54	cincuenta y cuatro	50 +
55	cincuenta y cinco	50 +
56	cincuenta y seis	50 +
57	cincuenta y siete	50 +
58	cincuenta y ocho	50 +
59	cincuenta y nueve	50 +

60	sesenta	
61	sesenta y uno	60 +
62	sesenta y dos	60 +
63	sesenta y tres	60 +
64	sesenta y cuatro	60 +
65	sesenta y cinco	60 +
66	sesenta y seis	60 +
67	sesenta y siete	60 +
68	sesenta y ocho	60 +
69	sesenta y nueve	60 +

70	setenta	
71	setenta y uno	70 +
72	setenta y dos	70 +
73	setenta y tres	70 +
74	setenta y cuatro	70 +
75	setenta y cinco	70 +
76	setenta y seis	70 +
77	setenta y siete	70 +
78	setenta y ocho	70 +
79	setenta y nueve	70 +

80	ochenta	
81	ochenta y uno	80 + ▣
82	ochenta y dos	80 + ▣▣
83	ochenta y tres	80 + ▣▣▣
84	ochenta y cuatro	80 + ▣▣▣▣
85	ochenta y cinco	80 + ▣▣▣▣▣
86	ochenta y seis	80 + ▣▣▣▣▣▣
87	ochenta y siete	80 + ▣▣▣▣▣▣▣
88	ochenta y ocho	80 + ▣▣▣▣▣▣▣▣
89	ochenta y nueve	80 + ▣▣▣▣▣▣▣▣▣

90	noventa	
91	noventa y uno	$90 +$ ▢
92	noventa y dos	$90 +$ ▢▢
93	noventa y tres	$90 +$ ▢▢▢
94	noventa y cuatro	$90 +$ ▢▢▢▢
95	noventa y cinco	$90 +$ ▢▢▢▢▢
96	noventa y seis	$90 +$ ▢▢▢▢▢▢
97	noventa y siete	$90 +$ ▢▢▢▢▢▢▢
98	noventa y ocho	$90 +$ ▢▢▢▢▢▢▢▢
99	noventa y nueve	$90 +$ ▢▢▢▢▢▢▢▢▢

100	cien	
101	ciento uno	$100 +$
102	ciento dos	$100 +$
103	ciento tres	$100 +$
104	ciento cuatro	$100 +$
105	ciento cinco	$100 +$
106	ciento seis	$100 +$
107	ciento siete	$100 +$
108	ciento ocho	$100 +$
109	ciento nueve	$100 +$

110	ciento diez	
111	ciento once	110 +
112	ciento doce	110 +
113	ciento trece	110 +
114	ciento catorce	110 +
115	ciento quince	110 +
116	ciento dieciséis	110 +
117	ciento diecisiete	110 +
118	ciento dieciocho	110 +
119	ciento diecinueve	110 +

120	ciento veinte	
121	ciento veintiuno	120 +
122	ciento veintidós	120 +
123	ciento veintitrés	120 +
124	ciento veinticuatro	120 +
125	ciento veinticinco	120 +
126	ciento veintiséis	120 +
127	ciento veintisiete	120 +
128	ciento veintiocho	120 +
129	ciento veintinueve	120 +

Valores de monedas

Éste es el dinero que usamos en los Estados Unidos. Cada moneda tiene un nombre y un valor. Cada moneda vale un determinado número de monedas de 1¢.

Dinero	Nombre	Valor	¿Cuántas monedas de 1¢?
	moneda de 1¢	1¢ 1 centavo	
	moneda de 5¢	5¢ 5 centavos	
	moneda de 10¢	10¢ 10 centavos	
	moneda de 25¢	25¢ 25 centavos $0.25	
	dólar	100¢ 1 dólar $1.00	

¿Una moneda más grande vale siempre más?

Equivalencias entre monedas

Una moneda de 1¢ es 1¢. 	
Una moneda de 5¢ es 5¢. 	Otra manera de formar 5¢:     
Una moneda de 10¢ es 10¢. 	Otra manera de formar 10¢:  
Una moneda de 25¢ es 25¢. 	Otra manera de formar 25¢:    

 ¿De qué otras maneras puedes formar 25¢?
¿Cómo puedes formar 50¢?

Maneras de formar un dólar

Éstas son algunas maneras de formar un dólar.

Un billete de un dólar vale un dólar.

Cuatro monedas de 25¢ valen un dólar.

10 monedas de 10¢ valen un dólar.

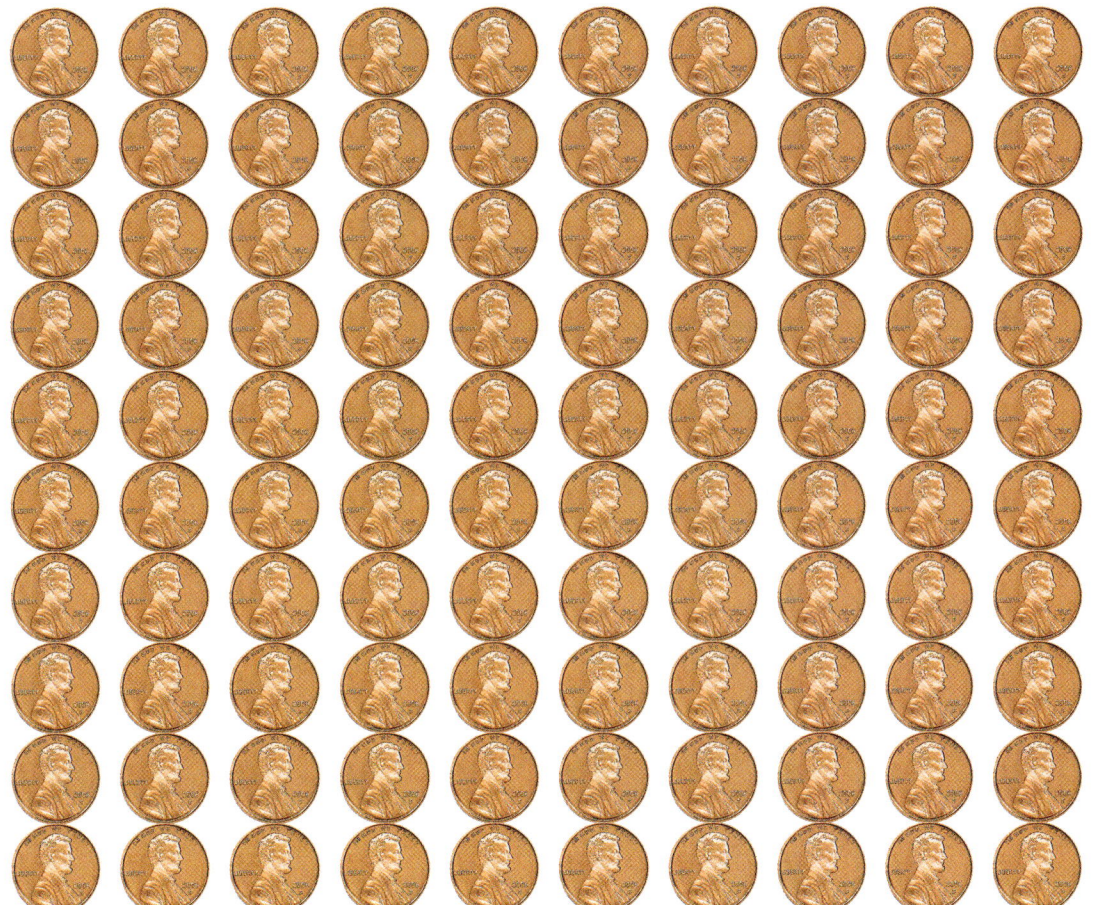

100 monedas de 1¢ valen un dólar.

¿Cuántas monedas de 5¢ necesitas para formar un dólar?
¿De qué otras maneras puedes formar 1 dólar con monedas?

La calculadora

Palabras de matemáticas
• **calculadora**

Una calculadora es un instrumento que puede ayudarte a sumar, restar y comprobar.

La pantalla de la calculadora

La tecla de RESTA; presiona esta tecla para restar.

La tecla de SUMA; presiona esta tecla para sumar.

La tecla de encender, ON; presiona esta tecla para encender la calculadora.

La tecla de borrar, C; presiona esta tecla para borrar los números de la pantalla.

La tecla de IGUAL; presiona esta tecla para ver los resultados de tu cálculo.

La recta numérica

Palabras de matemáticas

• recta numérica

Una recta numérica es un instrumento que muestra los números en orden.

Sigue infinitamente en ambas direcciones.

Puede ayudarte a escribir y ordenar números, a contar, a sumar y a restar.

Puedes usar la recta numérica para contar hacia delante. No tienes que empezar en el 1. Por ejemplo, puedes empezar en el 27 y contar hasta el 35.

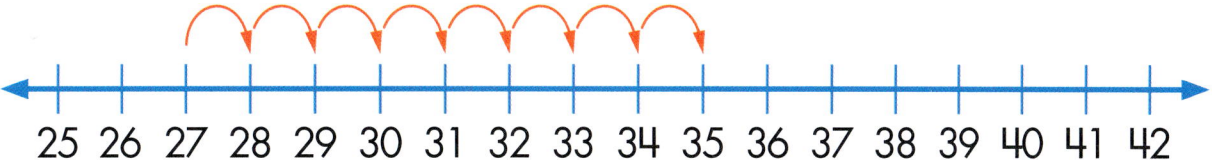

Puedes usar la recta numérica para contar hacia atrás a partir de cualquier número. Por ejemplo, puedes contar hacia atrás desde el 29 hasta el 20.

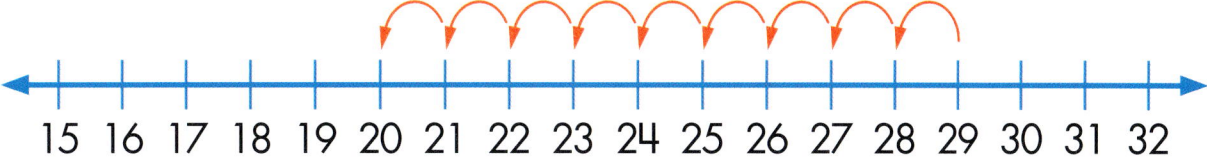

¿Cuándo usas una recta numérica?

Tabla de 100

La tabla de 100 es un instrumento que muestra los números del 1 al 100 en orden. Puede ayudarte a contar, a sumar y a restar.

Palabras de matemáticas
- **columna**
- **fila**

columna

1	2	3	4	5	6	7	8	9	10
11	12	13	14	15	16	17	18	19	20
21	22	23	24	25	26	27	28	29	30
31	32	33	34	35	36	37	38	39	40
41	42	43	44	45	46	47	48	49	50
51	52	53	54	55	56	57	58	59	60
61	62	63	64	65	66	67	68	69	70
71	72	73	74	75	76	77	78	79	80
81	82	83	84	85	86	87	88	89	90
91	92	93	94	95	96	97	98	99	100

fila

¿Cuántas filas hay?

¿Cuántos números hay en cada fila?

¿Cuántas columnas hay?

¿Cuántos números hay en cada columna?

Patrones en la tabla de 100

¿Qué patrones observas en los números del 1 al 100?

Excepto el 40 y el 50, todos los números en la decena del 40 están en una fila.

1	2	3	4	5	6	7	8	9	10
11	12	13	14	15	16	17	18	19	20
21	22	23	24	25	26	27	28	29	30
31	32	33	34	35	36	37	38	39	40
41	42	43	44	45	46	47	48	49	50
51	52	53	54	55	56	57	58	59	60
61	62	63	64	65	66	67	68	69	70
71	72	73	74	75	76	77	78	79	80
81	82	83	84	85	86	87	88	89	90
91	92	93	94	95	96	97	98	99	100

Mientras desciendes una columna, sumas 10. 4 + 10 es 14, 14 + 10 es 24...

Esos son los números para contar de 10 en 10.

Tabla de 200

Ésta es una tabla de 200.

1	2	3	4	5	6	7	8	9	10
11	12	13	14	15	16	17	18	19	20
21	22	23	24	25	26	27	28	29	30
31	32	33	34	35	36	37	38	39	40
41	42	43	44	45	46	47	48	49	50
51	52	53	54	55	56	57	58	59	60
61	62	63	64	65	66	67	68	69	70
71	72	73	74	75	76	77	78	79	80
81	82	83	84	85	86	87	88	89	90
91	92	93	94	95	96	97	98	99	100
101	102	103	104	105	106	107	108	109	110
111	112	113	114	115	116	117	118	119	120
121	122	123	124	125	126	127	128	129	130
131	132	133	134	135	136	137	138	139	140
141	142	143	144	145	146	147	148	149	150
151	152	153	154	155	156	157	158	159	160
161	162	163	164	165	166	167	168	169	170
171	172	173	174	175	176	177	178	179	180
181	182	183	184	185	186	187	188	189	190
191	192	193	194	195	196	197	198	199	200

¿En qué se parece a una tabla de 100?

¿En qué se diferencia?

¿Dónde está el 76? ¿Dónde está el 176?

Valor de posición: el quiosco de pegatinas

El quiosco de pegatinas es un lugar donde se venden pegatinas.

En el quiosco de pegatinas puedes comprar pegatinas sueltas, tiras de 10 pegatinas o planchas de cien pegatinas.

1 plancha de cien
100 pegatinas

1 tira de diez   1 suelta
10 pegatinas   1 pegatina

¿Cuántas pegatinas hay en una tira de 10?
¿Cuántas tiras de 10 hay en una plancha de 100?

Valor de posición: pegatinas sueltas y tiras de 10

Jake fue de compras al quiosco de pegatinas.

Lo que Jake compró	¿Cuántas tiras de 10?	¿Cuántas pegatinas sueltas?	¿Cuántas pegatinas?
⊠ 11 10	1	1	$10 + 1 = 11$ 11 pegatinas
⊠ 35 ⊠ 34 ⊠ 33 ⊠ 32 ⊠ 31 10 20 30	3	5	$30 + 5 = 35$ 35 pegatinas
10 20 30 40	4	0	$40 + 0 = 40$ 40 pegatinas

Si Jake comprara 52 pegatinas, ¿cuántas tiras de 10 y cuántas pegatinas sueltas tendría?

Valor de posición: decenas y unidades

Palabras de matemáticas
- **unidades**
- **decenas**

Éste es el número treinta y cinco.

$$30 + 5 = 35$$

El 3 está en la posición de las **decenas.** El 3 nos dice que hay 3 grupos de 10 ó sea 30 en 35.

35

El 5 está en la posición de las **unidades.** El 5 nos dice que hay 5 unidades en 35.

¿Cuántas decenas hay en 45?

¿Cuántas unidades hay en 17?

Valor de posición: pegatinas sueltas, tiras de 10 y planchas de 100

Sally fue de compras al quiosco de pegatinas.

Lo que Sally compró	¿Cuántas planchas?	¿Cuántas tiras de 10?	¿Cuántas pegatinas sueltas?	¿Cuántas pegatinas?
10 20 30 40 50 60 62	0	6	2	$60 + 2 = 62$ 62 pegatinas
100 110 112	1	1	2	$100 + 10 + 2 = 112$ 112 pegatinas
100 110 120 124	1	2	4	$100 + 20 + 4 = 124$ 124 pegatinas

Si Sally comprara 86 pegatinas, ¿cuántas pegatinas sueltas, tiras de 10 y planchas de 100 tendría? ¿Y si comprara 123 pegatinas?

Valor de posición: centenas, decenas y unidades

Palabras de matemáticas

• **centenas**
• **decenas**
• **unidades**

Éste es el número ciento veinticuatro.

$$100 + 20 + 4 = 124$$

124

| El 1 está en la posición de las **centenas.** El 1 significa que hay 1 grupo de 100 en 124. | El 2 está en la posición de las **decenas.** El 2 significa que hay 2 grupos de 10 en 124. | El 4 está en la posición de las **unidades.** El 4 significa que hay 4 unidades en 124. |

¿Cuántos grupos de 100 hay en 206?
¿Cuántas decenas? ¿Cuántas unidades?

Valor de posición: representar pegatinas

En clase, usamos pegatinas para representar centenas, decenas y unidades.

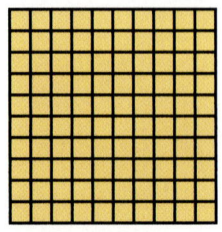 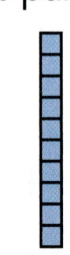

Plancha de 100   Tira de 10   1 suelta

Cuando anotamos, usamos una manera rápida de mostrar pegatinas.

100   10   1

Mira esta representación de 132 pegatinas.

 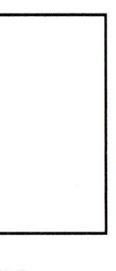  

ecuación: 100   +   30   +   2   =   132

¿Cómo mostrarías 76 pegatinas?
¿Cómo mostrarías 125 pegatinas?

Contar (página 1 de 2)

Se cuenta todos los días. Se cuenta para hallar cuántos. Cuando cuentas, dices un número para cada objeto. Necesitas llevar la cuenta de lo que cuentas. El último número que dices es el total. El total te dice cuántos hay en el grupo.

Mira cómo algunos niños cuentan de 1 en 1.

Jake toca cada botón mientras lo cuenta.

Sally pone cada botón en el vaso mientras lo cuenta.

Kira ordena los botones en una fila para contarlos.

Franco los pone en grupos de 2 para comprobar de nuevo.

¿Qué haces cuando cuentas?

Contar (página 2 de 2)

Mira estas monedas de 1¢.

Están mezcladas.

Es difícil contarlas.

Éstas son diferentes maneras de organizar las monedas de 1¢ para que sea más fácil contarlas.

 ¿Qué grupo de monedas de 1¢ te resulta más fácil contar?

Contar por grupos (página 1 de 2)

Puedes contar más rápido si cuentas por grupos.
Cada vez que dices un número, sumas otro grupo.

Cada grupo debe tener el mismo número de objetos.

Cada mano tiene 5 dedos. Puedes contar de 5 en 5 para hallar el número total de dedos. Cuando cuentas de 5 en 5 dices cada quinto número.

Contar dedos de 5 en 5

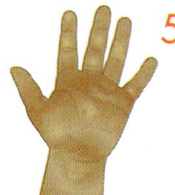 5 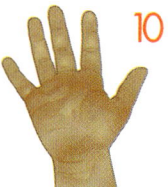 10  15  20

Contar zapatos de 2 en 2

2   4   6   8

Contar dedos de los pies de 10 en 10

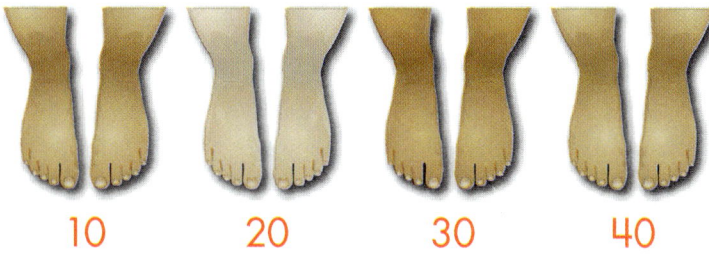

10   20   30   40

 **¿Cuántos ojos tienen en total 10 personas?**

Contar por grupos (página 2 de 2)

Éstas son 23 monedas de 1¢.

Puedes contar las monedas de 1¢ de diferentes maneras.

Contar de 2 en 2

2   4   6   8   10   12   14   16   18   20   22   23

Contar de 5 en 5

5   10   15   20   23

Contar de 10 en 10

10   20   23

Cuenta 18 monedas de 1¢. Cuéntalas de 2 en 2. Ahora cuéntalas de 5 en 5. ¿De qué otra forma podrías contar 18 monedas de 1¢?

Contar de 2 en 2

Palabras de matemáticas
• **múltiplo**

Muchas cosas vienen en grupos de 2. Por ejemplo, los zapatos vienen en grupos de 2. Puedes contar de 2 en 2 para averiguar cuántos zapatos hay.

¿Cuántos zapatos hay?

2, 4, 6, 8, 10, 12, 14

Esta tabla de 100 muestra cómo contar por grupos de 2. Si sólo dices los números sombreados, estás contando por grupos de 2.

Los números que dices también se llaman múltiplos de 2.

1	2	3	4	5	6	7	8	9	10
11	12	13	14	15	16	17	18	19	20
21	22	23	24	25	26	27	28	29	30
31	32	33	34	35	36	37	38	39	40
41	42	43	44	45	46	47	48	49	50
51	52	53	54	55	56	57	58	59	60
61	62	63	64	65	66	67	68	69	70
71	72	73	74	75	76	77	78	79	80
81	82	83	84	85	86	87	88	89	90
91	92	93	94	95	96	97	98	99	100

2, 4, 6, 8, 10, 12, 14…96, 98, 100.

Una recta numérica también puede mostrar cómo contar de 2 en 2.

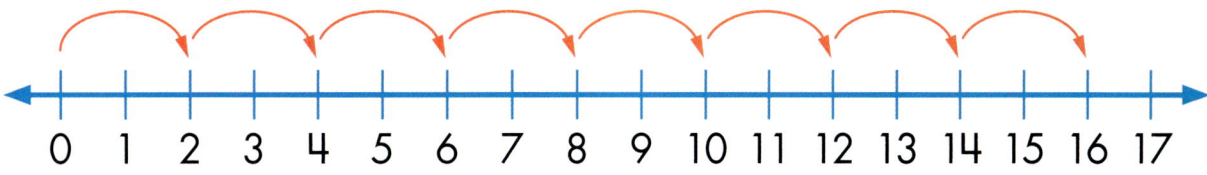

0 1 2 3 4 5 6 7 8 9 10 11 12 13 14 15 16 17

Contar de 5 en 5

Cada torre tiene 5 cubos. Puedes contar los cubos de 5 en 5.

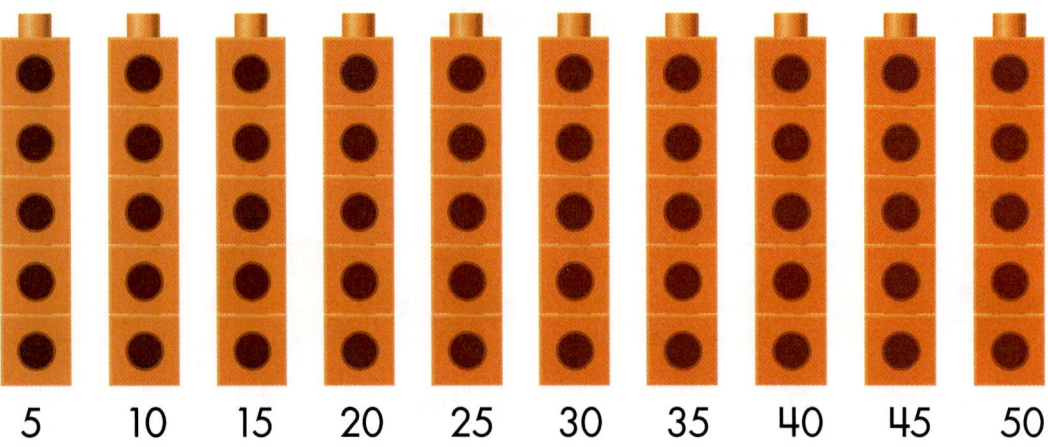

| 5 | 10 | 15 | 20 | 25 | 30 | 35 | 40 | 45 | 50 |

Esta tabla de 100 muestra cómo contar por grupos de 5. Los números sombreados son múltiplos de 5.

1	2	3	4	5	6	7	8	9	10
11	12	13	14	15	16	17	18	19	20
21	22	23	24	25	26	27	28	29	30
31	32	33	34	35	36	37	38	39	40
41	42	43	44	45	46	47	48	49	50
51	52	53	54	55	56	57	58	59	60
61	62	63	64	65	66	67	68	69	70
71	72	73	74	75	76	77	78	79	80
81	82	83	84	85	86	87	88	89	90
91	92	93	94	95	96	97	98	99	100

5, 10, 15, 20...85, 90, 95, 100.

Una recta numérica también puede mostrar cómo contar de 5 en 5.

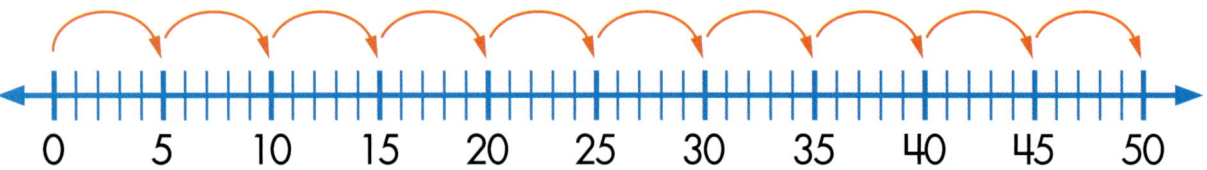

0   5   10   15   20   25   30   35   40   45   50

¿Cuántos grupos de 5 hay en 100?

Contar de 10 en 10

Muchas cosas vienen en grupos de 10. Por ejemplo, las personas tienen 10 dedos. Puedes contar por grupos de 10 para averiguar cuántos dedos tiene un grupo de personas.

| 10 | 20 | 30 | 40 | 50 |

¿Cuántos dedos tienen todas estas personas juntas?
¿Cuántos dedos tiene tu familia?

Esta tabla de 100 muestra cómo contar por grupos de 10. Los números sombreados son múltiplos de 10.

1	2	3	4	5	6	7	8	9	10
11	12	13	14	15	16	17	18	19	20
21	22	23	24	25	26	27	28	29	30
31	32	33	34	35	36	37	38	39	40
41	42	43	44	45	46	47	48	49	50
51	52	53	54	55	56	57	58	59	60
61	62	63	64	65	66	67	68	69	70
71	72	73	74	75	76	77	78	79	80
81	82	83	84	85	86	87	88	89	90
91	92	93	94	95	96	97	98	99	100

10, 20, 30...80, 90, 100.

¿Cuántos grupos de 10 hay en 100?
¿Cuál es el múltiplo de 10 que le sigue a 100?

Contar por grupos sobre la recta numérica y la tabla de 100

¿Puedes usar esta recta numérica para contar de 2 en 2?
¿Y de 10 en 10?

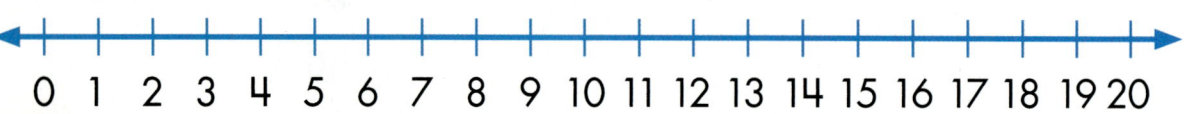

0 1 2 3 4 5 6 7 8 9 10 11 12 13 14 15 16 17 18 19 20

¿Puedes usar esta tabla de 100 para contar de 5 en 5?
¿Y de 10 en 10?

1	2	3	4	5	6	7	8	9	10
11	12	13	14	15	16	17	18	19	20
21	22	23	24	25	26	27	28	29	30
31	32	33	34	35	36	37	38	39	40
41	42	43	44	45	46	47	48	49	50
51	52	53	54	55	56	57	58	59	60
61	62	63	64	65	66	67	68	69	70
71	72	73	74	75	76	77	78	79	80
81	82	83	84	85	86	87	88	89	90
91	92	93	94	95	96	97	98	99	100

Números pares e impares

(página 1 de 2)

Un número par puede dividirse en grupos de 2.
Un número par puede dividirse en 2 grupos iguales.

Un número par de personas puede colocarse en parejas, sin que sobre ninguna. Un número par de personas puede formar 2 equipos iguales.

10 personas forman 5 grupos de 2 (parejas).

10 personas forman 2 grupos de 5 (equipos).

10 es un número par.

Un número impar no puede dividirse en grupos de 2.
Un número impar no puede dividirse en 2 grupos iguales.

Un número impar de personas no puede colocarse en parejas sin que sobre alguna. Siempre sobra una persona. Un número impar de personas no puede formar 2 equipos iguales. Un equipo siempre tiene uno más.

7 personas forman 3 grupos de 2 (parejas) y sobra 1 persona.

7 personas no pueden forman 2 equipos iguales.

7 es un número impar.

¿Es 11 par o impar? ¿Cómo lo sabes? ¿Y 16?

Números pares e impares

(página 2 de 2)

Si empiezas en 0 y cuentas de 2 en 2, dices los números pares.
Si empiezas en 1 y cuentas de 2 en 2, dices los números impares.
Sobre esta tabla de 100, los números impares están en amarillo.
Los números pares están en verde.

Los números impares y pares se alternan en un patrón.

1	2	3	4	5	6	7	8	9	10
11	12	13	14	15	16	17	18	19	20
21	22	23	24	25	26	27	28	29	30
31	32	33	34	35	36	37	38	39	40
41	42	43	44	45	46	47	48	49	50
51	52	53	54	55	56	57	58	59	60
61	62	63	64	65	66	67	68	69	70
71	72	73	74	75	76	77	78	79	80
81	82	83	84	85	86	87	88	89	90
91	92	93	94	95	96	97	98	99	100

**¿Es 35 par o impar? ¿Cómo lo sabes?
¿Y 60? ¿Y 101?**

Combinaciones de suma

Uno de tus objetivos para este año en la clase de matemáticas es practicar y repasar todas las combinaciones de suma hasta $10 + 10$.

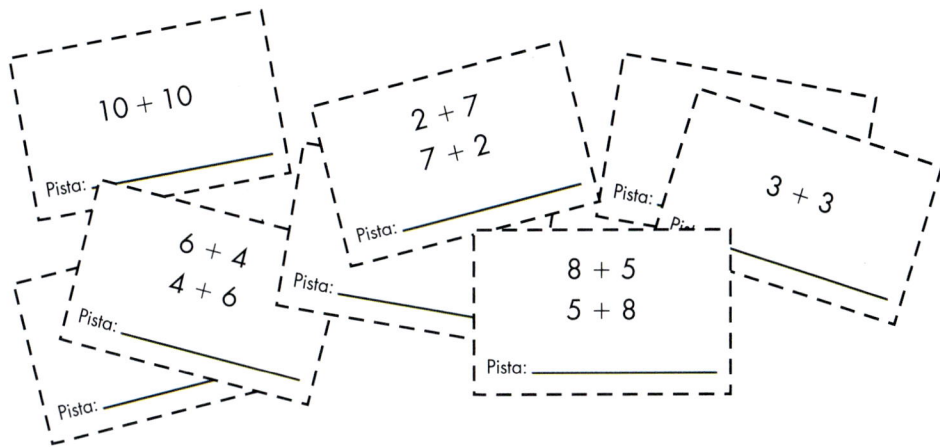

Aprender dos combinaciones a la vez

Estos dos problemas parecen diferentes, pero tienen la misma respuesta.

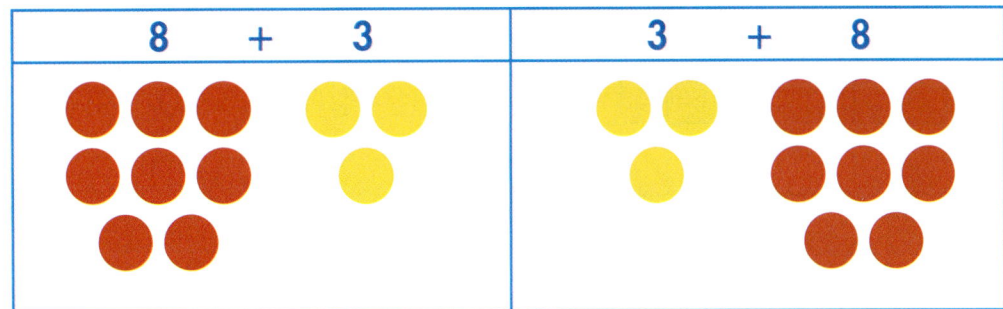

Cuando sabes que $8 + 3 = 11$,
también sabes que $3 + 8 = 11$.
Aprendiste dos combinaciones de suma.

¿Por qué estos dos problemas tienen la misma respuesta?
$7 + 2 = 9$ $2 + 7 = 9$

Combinaciones de Más 1

Cualquier número más 1 es una combinación de Más 1.
También lo es 1 más cualquier número. Éstas son todas las
combinaciones de Más 1 en las que estás trabajando.

Las combinaciones de Más 1

0 + 1 = 1		1 + 0 = 1
1 + 1 = 2		1 + 1 = 2
2 + 1 = 3		1 + 2 = 3
3 + 1 = 4		1 + 3 = 4
4 + 1 = 5		1 + 4 = 5
5 + 1 = 6		1 + 5 = 6
6 + 1 = 7		1 + 6 = 7
7 + 1 = 8		1 + 7 = 8
8 + 1 = 9		1 + 8 = 9
9 + 1 = 10		1 + 9 = 10
10 + 1 = 11		1 + 10 = 11

**¿Observaste un patrón en las combinaciones de Más 1?
¿Cuáles sabes? ¿Hay alguna en la que todavía estés trabajando?**

Combinaciones de Más 2

Cualquier número más 2 es una combinación de Más 2.
También lo es 2 más cualquier número. Éstas son todas las
combinaciones de Más 2 en las que estás trabajando.

Las combinaciones de Más 2

$0 + 2 = 2$		$2 + 0 = 2$
$1 + 2 = 3$		$2 + 1 = 3$
$2 + 2 = 4$		$2 + 2 = 4$
$3 + 2 = 5$		$2 + 3 = 5$
$4 + 2 = 6$		$2 + 4 = 6$
$5 + 2 = 7$		$2 + 5 = 7$
$6 + 2 = 8$		$2 + 6 = 8$
$7 + 2 = 9$		$2 + 7 = 9$
$8 + 2 = 10$		$2 + 8 = 10$
$9 + 2 = 11$		$2 + 9 = 11$
$10 + 2 = 12$		$2 + 10 = 12$

¿Observas un patrón en las combinaciones de Más 2?
¿Cuáles sabes? ¿Hay alguna en la que todavía estés
trabajando?

Combinaciones de 10

Dos números que se suman para formar 10 son una combinación de 10.

$0 + 10 = 10$

$1 + 9 = 10$

$2 + 8 = 10$

$3 + 7 = 10$

$4 + 6 = 10$

$5 + 5 = 10$

$6 + 4 = 10$

$7 + 3 = 10$

$8 + 2 = 10$

$9 + 1 = 10$

$10 + 0 = 10$

¿Qué observas sobre las combinaciones de 10? ¿Cuáles sabes? ¿Hay alguna en la que todavía estés trabajando?

Dobles

Cualquier número más sí mismo es un doble.
Éstos son los dobles del 1 al 10.

1 + 1 = 2	 2 + 2 = 4
 3 + 3 = 6	 4 + 4 = 8
 5 + 5 = 10	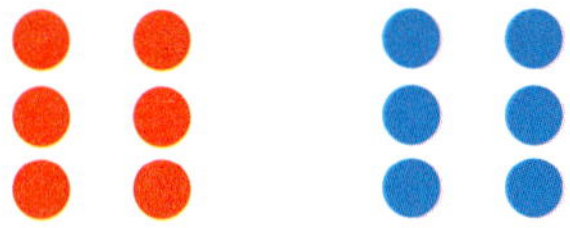 6 + 6 = 12
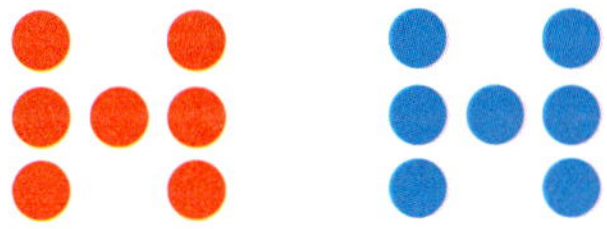 7 + 7 = 14	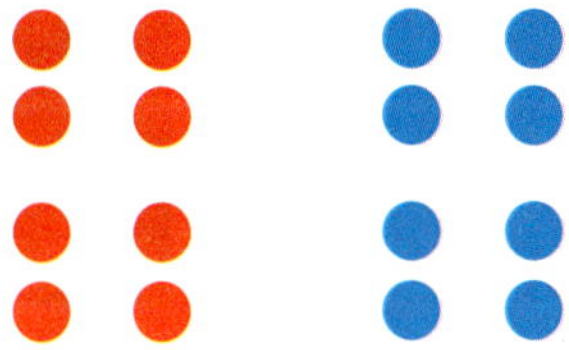 8 + 8 = 16
 9 + 9 = 18	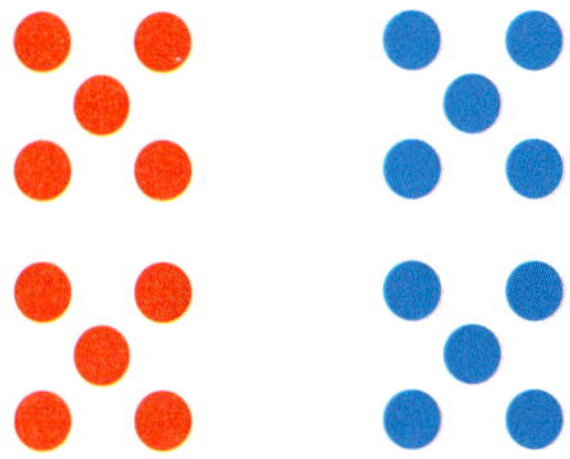 10 + 10 = 20

¿Observas un patrón en los dobles? ¿Cuáles sabes?
¿En cuáles estás trabajando todavía?

Casi dobles (página 1 de 3)

Los casi dobles son combinaciones de suma que están relacionadas con los dobles.

$$4 + 3 = 7$$

doble $\longrightarrow$ $4 + 4 = 8$ casi dobles

$$4 + 5 = 9$$

$4 + 3 = 7$ y $4 + 5 = 9$ están cerca de $4 + 4 = 8$.

Puedes usar lo que sabes de los dobles para aprender los casi dobles.

Si sabes que $4 + 4 = 8$, sabes que $4 + 3$ es 1 menos y que $4 + 5$ es 1 más.

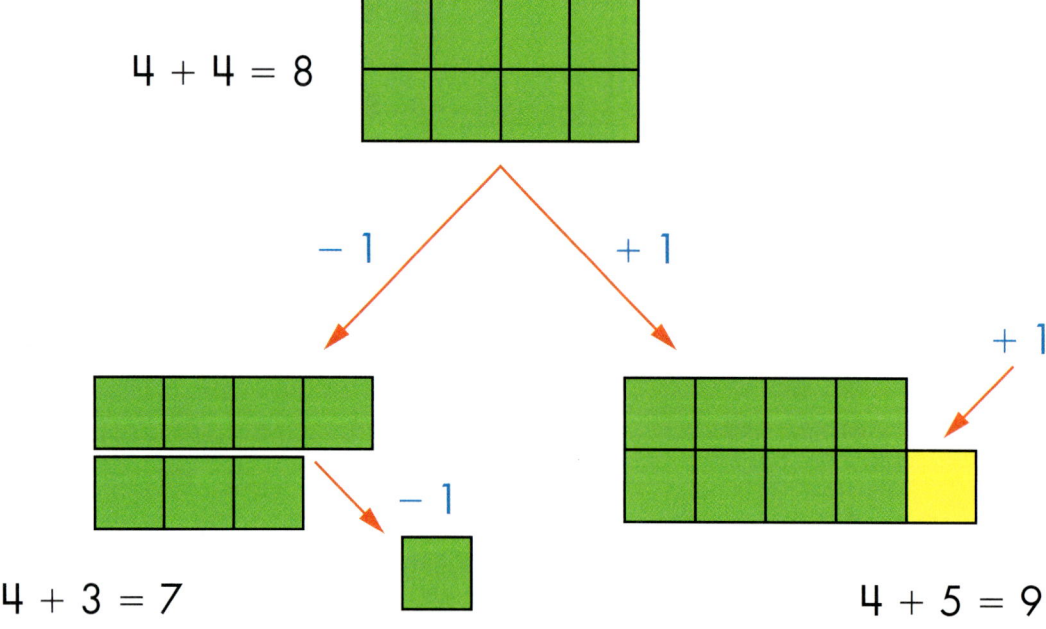

$$4 + 4 = 8$$

$- 1$ $+ 1$

$+ 1$

$- 1$

$$4 + 3 = 7$$

$$4 + 5 = 9$$

Casi dobles (página 2 de 3)

Éstos son los casi dobles. Cada uno está al lado del doble
con el que está relacionado.

DOBLE − 1	DOBLE	DOBLE + 1
$1 + 0 = 1$ Piensa: $1 + 1 - 1$	$1 + 1 = 2$	$1 + 2 = 3$ Piensa: $1 + 1 + 1$
$2 + 1 = 3$ Piensa: $2 + 2 - 1$	$2 + 2 = 4$	$2 + 3 = 5$ Piensa: $2 + 2 + 1$
$3 + 2 = 5$ Piensa: $3 + 3 - 1$	$3 + 3 = 6$	$3 + 4 = 7$ Piensa: $3 + 3 + 1$
$4 + 3 = 7$ Piensa: $4 + 4 - 1$	$4 + 4 = 8$	$4 + 5 = 9$ Piensa: $4 + 4 + 1$

Casi dobles (página 3 de 3)

DOBLE − 1	DOBLE	DOBLE + 1
5 + 4 = 9 Piensa: 5 + 5 − 1	5 + 5 = 10	5 + 6 = 11 Piensa: 5 + 5 + 1
6 + 5 = 11 Piensa: 6 + 6 − 1	6 + 6 = 12	6 + 7 = 13 Piensa: 6 + 6 + 1
7 + 6 = 13 Piensa: 7 + 7 − 1	7 + 7 = 14	7 + 8 = 15 Piensa: 7 + 7 + 1
8 + 7 = 15 Piensa: 8 + 8 − 1	8 + 8 = 16	8 + 9 = 17 Piensa: 8 + 8 + 1

¿Qué combinaciones de suma pueden ayudarte a resolver 9 + 9 = 18? ¿Qué casi dobles sabes? ¿En cuáles estás trabajando todavía?

Combinaciones de Más 10

Cualquier número de un dígito más 10 es una combinación de Más 10. También es 10 más cualquier número de un dígito. Éstas son todas las combinaciones de Más 10 en las que estás trabajando.

$10 + 0 = 10$ $0 + 10 = 10$	
$10 + 1 = 11$ $1 + 10 = 11$	
$10 + 2 = 12$ $2 + 10 = 12$	
$10 + 3 = 13$ $3 + 10 = 13$	
$10 + 4 = 14$ $4 + 10 = 14$	
$10 + 5 = 15$ $5 + 10 = 15$	
$10 + 6 = 16$ $6 + 10 = 16$	
$10 + 7 = 17$ $7 + 10 = 17$	
$10 + 8 = 18$ $8 + 10 = 18$	
$10 + 9 = 19$ $9 + 10 = 19$	

¿Qué patrones observas en las combinaciones de Más 10?
¿Cuáles sabes? ¿En cuáles estás trabajando todavía?

Combinaciones de Más 9

Cualquier número más 9 es una combinación de Más 9.
También es 9 más cualquier número. Éstas son las
combinaciones de Más 9 en las que estás trabajando.

$9 + 1 = 10$	$9 + 2 = 11$	$9 + 3 = 12$	$9 + 4 = 13$
$1 + 9 = 10$	$2 + 9 = 11$	$3 + 9 = 12$	$4 + 9 = 13$
$9 + 5 = 14$	$9 + 6 = 15$	$9 + 7 = 16$	$9 + 8 = 17$
$5 + 9 = 14$	$6 + 9 = 15$	$7 + 9 = 16$	$8 + 9 = 17$
$9 + 9 = 18$	$9 + 10 = 19$	$10 + 9 = 19$	

Algunos niños aprenden las combinaciones de Más 9
relacionándolas con las combinaciones de Más 10 que
ya saben.

$$9 + 6 = 15$$
$$6 + 9 = 15$$

Pista: $9 + 1 + 5 = 15$

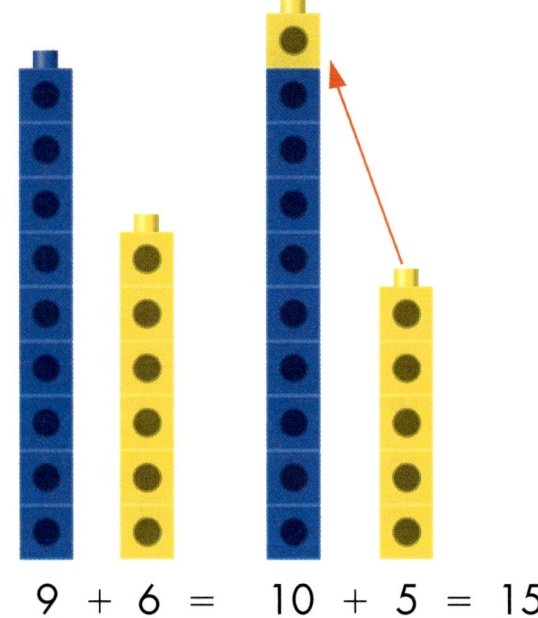

$$9 + 6 = \quad 10 + 5 = 15$$

¿Qué te ayuda a recordar las combinaciones de Más 9?
¿Cuáles sabes? ¿En cuáles estás trabajando todavía?

El resto de las combinaciones de suma

Hasta ahora has aprendido estas combinaciones de suma.

Más 1   Dobles
Más 2   Casi dobles
Combinaciones de 10   Más 10
                                                 Más 9

Ahora sólo quedan unas pocas combinaciones más. Éstas son.

3 + 5	3 + 6	3 + 8	4 + 7	4 + 8	5 + 7	5 + 8	6 + 8
5 + 3	6 + 3	8 + 3	7 + 4	8 + 4	7 + 5	8 + 5	8 + 6

Éstas son algunas pistas que te pueden ayudar a recordar
6 + 8 y 8 + 6.

Kira piensa en los dobles.

> Sé que 6 + 6 = 12.
> 8 es 2 más que 6, entonces
> 6 + 8 es 2 más que 6 + 6.
> Entonces, 6 + 8 es 14.

Jake usa 10.

> 8 + 6 es lo mismo
> que 8 + 2, que
> es 10, más 4.
> La respuesta es 14.

¿Cuáles de estas combinaciones te cuesta recordar?
¿Puedes pensar en una pista que te ayude a recordarlas?

Cadenas de números

Las cadenas de números son problemas de suma con más de 2 números o sumandos. Usar las combinaciones que sabes te puede ayudar a resolver estos problemas rápida y fácilmente. Éste es un ejemplo.

$$6 + 4 + 6 = \underline{\quad}$$

Leo usa un doble.

6 + 6 es 12.
Entonces
4 más es 13,
14, 15, 16.

Holly usa una combinación de 10.

6 + 4 = 10,
y
10 + 6 = 16.

Éste es otro ejemplo.

$$8 + 5 + 2 = \underline{\quad}$$

Tia usa una combinación de 10.

8 y 2 son 10,
más 5 es 15.

Roshaun usa un casi doble.

5 y 2 es 7.
Entonces 8 + 7.
Sé que 7 + 7 = 14,
entonces
8 + 7 = 15.

¿Cómo resolverías 7 + 4 + 7 + 6 + 3?
¿Con qué combinaciones empezarías?

El número de hoy

El número de hoy es 18.

Éstas son diferentes maneras de formar 18.

$10 + 8 = 18$	$4 + 4 + 4 + 4 + 2 = 18$
$20 - 2 = 18$	$18 = 100 - 82$
$18 = 9 + 9$	$15 + 15 - 12 = 18$

 **¿Cuáles son otras maneras de formar 18?**

El número de hoy: combinaciones de suma

Cuando formas el número de hoy, algunas veces hay reglas que debes seguir. Por ejemplo:

El número de hoy es 26.

Éstas son algunas maneras de formar 26 con combinaciones de 10 ó combinaciones de dobles.

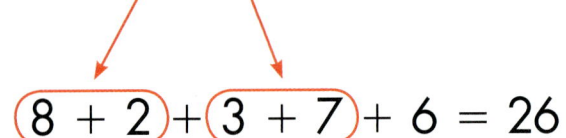

$(8 + 2) + (3 + 7) + 6 = 26$	$26 = (10 + 10) + 6$
$26 = 9 + 1 + 6 + 4 + 6$	$15 + 15 - 4 = 26$
$30 - 4 = 26$	$26 = 9 + 9 + 4 + 4$

¿Cuáles son otras maneras de formar 26 con dobles? ¿Y con combinaciones de 10? ¿Y con ambos?

El número de hoy: valores de monedas

El número de hoy es 56.

Éstas son algunas maneras de formar 56 con valores de monedas.

25 + 25 + 5 + 1 = 56

10 + 10 + 10 + 10 + 10 + 5 + 1 = 56

5 + 5 + 10 + 10 + 25 + 1 = 56

25 + 25 + 1 + 1 + 1 + 1 + 1 + 1 = 56

 ¿Cuáles son otras maneras de formar 56 con monedas?

El número de hoy: decenas y unidades

El número de hoy es 72.

Aquí tienes unas maneras de formar 72 con decenas y unidades.

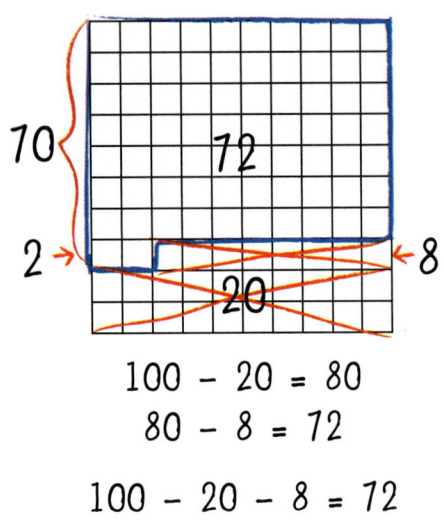

$$100 - 20 = 80$$
$$80 - 8 = 72$$
$$100 - 20 - 8 = 72$$

60   +   12

$$10 + 10 + 10 + 10 + 10 + 10 + 10 + 2 = 72$$

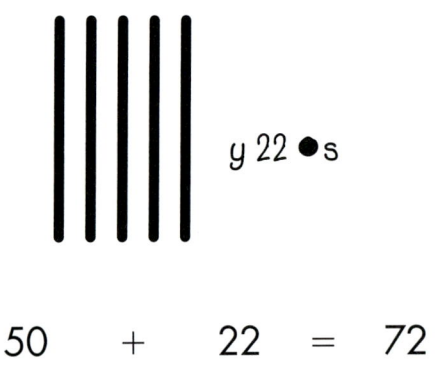

y 22 ●s

50   +   22   =   72

¿Cuáles son otras maneras de formar 72 con decenas y unidades?

Un problema-cuento de suma

Éste es un problema-cuento.

Sally tiene 10 crayones. Jake le dio 12 crayones más.
¿Cuántos crayones tiene Sally ahora?

En este problema, se combinan o se unen dos grupos.
Esta ecuación muestra lo que sucede en este problema.

$$10 + 12 = \underline{\ \ ?\ \ }$$

 **¿Sally tiene más crayones al principio o al final del cuento?**

Resolver un problema-cuento de suma

Éste es el cuento.

Sally tiene 10 crayones. Jake le dio 12 crayones más. ¿Cuántos crayones tiene Sally ahora?

Hay muchas maneras de resolver este problema.
Así es cómo lo hicieron algunos niños.

Jake contó hacia adelante desde 10.

$10 + 12 = \underline{22}$

| 11 | 12 | 13 | 14 | 15 | 16 |
| 17 | 18 | 19 | 20 | 21 | 22 |

Sally usó lo que sabía de las combinaciones de suma.

Yo sé que
$10 + 10 = 20$,
entonces,
$10 + 12 = 22$.

Leigh dividió 12 en 10 y 2. Luego usó la recta numérica para sumar.

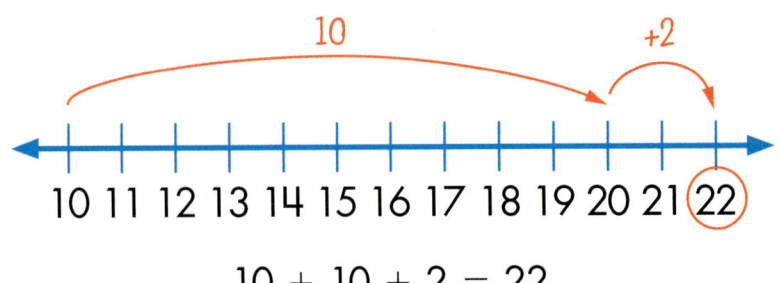

$10 + 10 + 2 = 22$

 **¿Cómo resolverías este problema?**

Notación de suma

Sally tiene 10 crayones. Jake le dio 12 crayones más. Ahora Sally tiene 22 crayones.

Éstas son 2 ecuaciones para este problema.

Palabras de matemáticas
• **ecuación**
• **igual a**
• **sumando**
• **más**
• **suma**
• **signo igual**

$$10 + 12 = 22$$

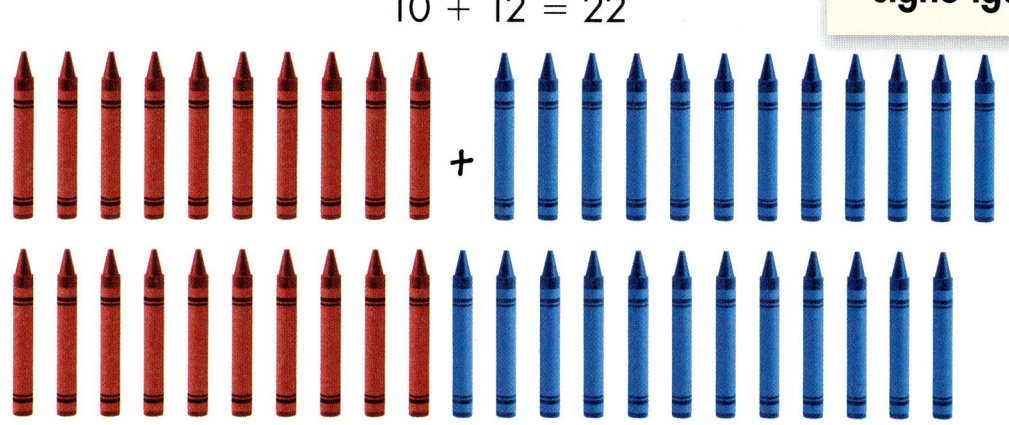

10 más 12 es igual a 22.

$$22 = 10 + 12$$

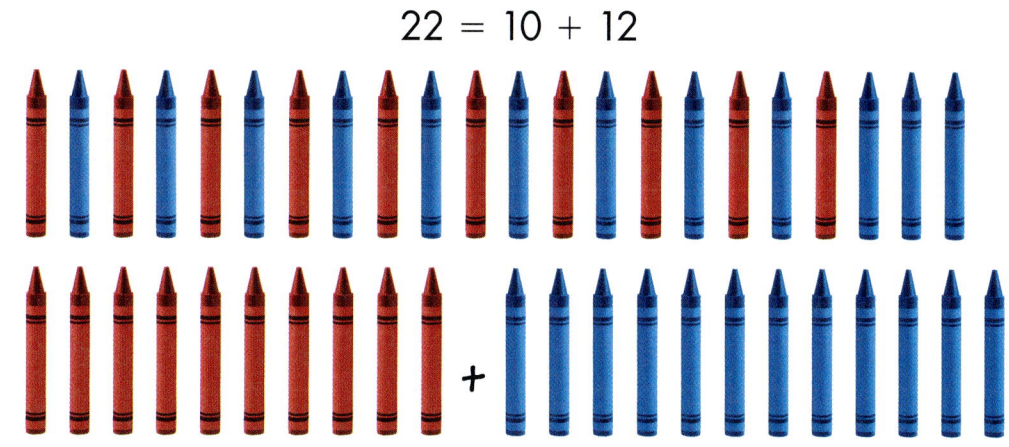

22 es igual a 10 más 12.

10 y 12 son los sumandos. 22 es el total o la suma.
El signo igual muestra que 10 + 12 es la misma cantidad que 22.

¿En qué se parecen y en qué se diferencian estas dos ecuaciones?

Otro problema-cuento de suma

Éste es otro problema-cuento.

Sally fue al quiosco de pegatinas. Compró 42 pegatinas de lunas y 35 pegatinas de estrellas. ¿Cuántas pegatinas compró Sally?

En este problema, se combinan o se unen los grupos.

Esta ecuación muestra lo que sucede en este problema.

$$42 + 35 = \underline{}$$

¿Cuántas tiras de 10 tiene Sally?
¿Cuántas pegatinas sueltas? ¿Cuántas pegatinas en total?

Resolver otro problema-cuento de suma (página 1 de 2)

Éste es el cuento.

Sally fue al quiosco de pegatinas. Compró 42 pegatinas de lunas y 35 pegatinas de estrellas. ¿Cuántas pegatinas compró Sally?

Hay muchas maneras de resolver este problema.

Algunos niños pensaron en decenas y unidades.

Chen usó tiras y pegatinas sueltas para mostrar las pegatinas que compró Sally.

$$42 + 35 = \text{\_\_}$$

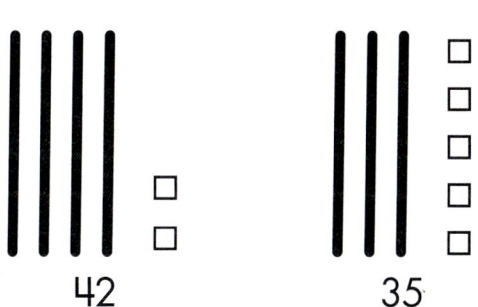

Puso las decenas juntas y las unidades juntas.

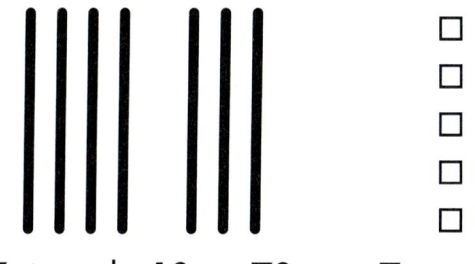

7 tiras de 10 es 70.   7 pegatinas sueltas es 7.

Luego sumó. $70 + 7 = 77$.
Sally compró 77 pegatinas.

Holly y Simón separaron los dos números en decenas y unidades. Sumaron las decenas primero y las unidades después.

Holly anotó así:

$$35 + 42 = \text{\_\_}$$
$$30 + 40 = 70$$
$$5 + 2 = 7$$
$$70 + 7 = 77$$

Simón anotó así:

$$\begin{array}{r} 35 \\ + 42 \\ \hline 70 \\ + 7 \\ \hline 77 \end{array}$$

Resolver otro problema-cuento de suma (página 2 de 2)

Otros niños mantienen un número entero y le suman el otro número en partes.

Henry pensó en las pegatinas.

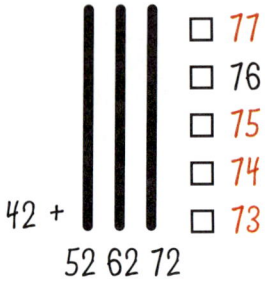

42 + | | | | □ 77
  □ 76
  □ 75
  □ 74
  □ 73

52 62 72

Carla usó la tabla de 100. Sumó 35 pegatinas a las 42 que Sally ya tenía.

1	2	3	4	5	6	7	8	9	10
11	12	13	14	15	16	17	18	19	20
21	22	23	24	25	26	27	28	29	30
31	32	33	34	35	36	37	38	39	40
41	42	43	44	45	46	47	48	49	50
51	52	53	54	55	56	57	58	59	60
61	62	63	64	65	66	67	68	69	70
71	72	73	74	75	76	77	78	79	80
81	82	83	84	85	86	87	88	89	90
91	92	93	94	95	96	97	98	99	100

+ 8
+10
+10
+ 2 + 5

$$\begin{array}{r} 42 \\ + 35 \\ \hline 77 \end{array}$$

Jeffrey empezó en el 42 y le sumó 35 sobre la recta numérica.

+10   +10   +10   +3 +2

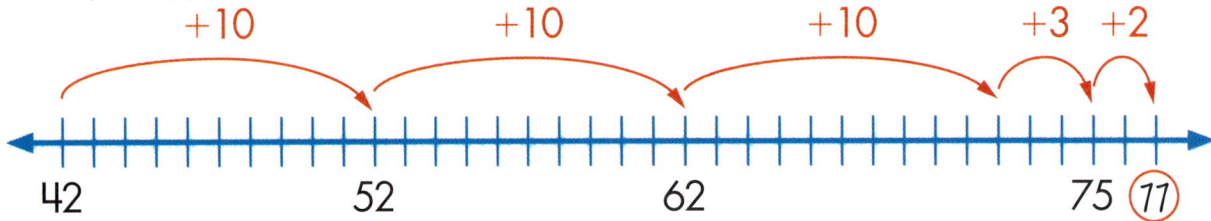

42   52   62   75 (77)

Simón separó el 35 en 30 y 5, para sumárselos a 42.

42 + 35 = _____
42 + 30 = 72
72 + 5 = 77
77 pegatinas

Leo mantuvo el 35 entero. Le sumó 42, al sumar 40 y luego 2 más.

35 + 42 = _____

$$\begin{array}{r} 35 \\ + 40 \\ \hline 75 \\ + 2 \\ \hline 77 \end{array}$$

Para resolver este problema Tia sumó 40 + 37. ¿Qué es lo que hizo? ¿Por qué sirve eso?

Resolver un problema de suma

(página 1 de 2)

Éste es otro problema.

$$38 + 23 = \underline{\hspace{1cm}}$$

$$\begin{array}{r} 38 \\ + \ 23 \\ \hline \end{array}$$

Hay muchas maneras de resolver este problema.

Estos niños separaron los dos números en decenas y unidades. Sumaron las decenas juntas y las unidades juntas, y luego sumaron esos totales.

Juan usó pegatinas.

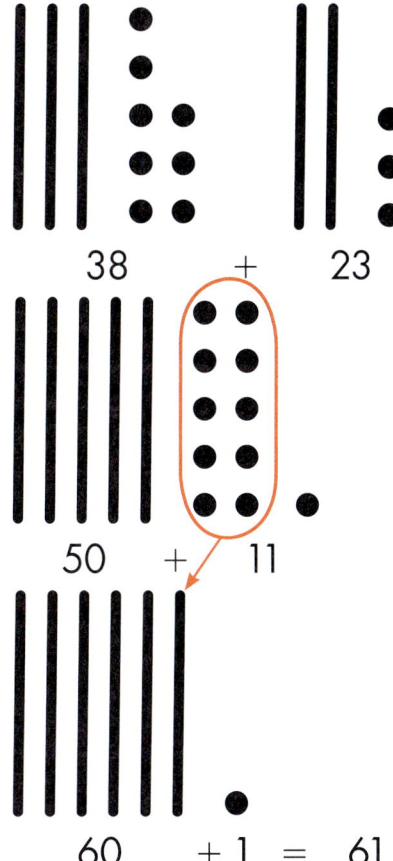

38 + 23

$30 + 20 = 50$
$8 + 3 = 11$

50 + 11

$50 + 10 = 60$
$60 + 1 = 61$

60 + 1 = 61

La solución de Monisha

$$38 + 23 = \underline{\hspace{1cm}}$$
$$30 + 20 = 50$$
$$8 + 3 = 11$$
$$50 + 11 = 61$$

La solución de Travis

$$\begin{array}{r} 38 \\ + \ 23 \\ \hline 50 \\ + \ 11 \\ \hline 61 \end{array}$$

Si hay 3 decenas en el 38 y 2 decenas en el 23, ¿por qué la respuesta se halla en la decena de los 60 en lugar de la decena de los 50?

Resolver un problema de suma

(página 2 de 2)

Estos niños mantienen un número entero y le suman
el otro número en partes.

Amaya pensó en pegatinas.

$38 + 23 = \underline{61}$

☐ 59
☐ 60
☐ 61

$38 + $

48   58

Luis usó la tabla de 100.

$38 + 23 = \underline{\hspace{1cm}}$

1	2	3	4	5	6	7	8	9	10
11	12	13	14	15	16	17	18	19	20
21	22	23	24	25	26	27	28	29	30
31	32	33	34	35	36	37	**38**	39	40
41	42	43	44	45	46	47	48	49	50
51	52	53	54	55	56	57	58	59	60
61	62	63	64	65	66	67	68	69	70
71	72	73	74	75	76	77	78	79	80
81	82	83	84	85	86	87	88	89	90
91	92	93	94	95	96	97	98	99	100

+20
+ 3

Jacy empezó en el 38 y le sumó 23 sobre la recta numérica.

$38 + 23 = \underline{\hspace{1cm}}$

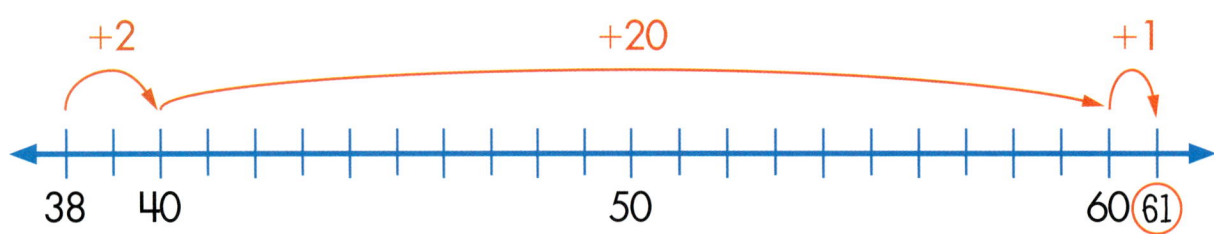

+2   +20   +1

38   40   50   60 61

Leo y Nate separaron el 23 en 20 y 3, y luego lo sumaron al 38.

Leo anotó así:

$38 + 23 = \underline{61}$
$38 + 20 = 58$
$58 + 3 = 61$

Nate anotó así:

$38 + 23 = \underline{\hspace{1cm}}$

$$\begin{array}{r} 38 \\ + 20 \\ \hline 58 \\ + 3 \\ \hline 61 \end{array}$$

**Para resolver este problema Esteban sumó 40 + 21.
¿Qué es lo que hizo? ¿Por qué sirve eso?**

Un problema-cuento de resta

Éste es un problema-cuento.

Carla tenía 16 conchas. Le dio 7 a Juanita.
¿Cuántas conchas le quedaron a Carla?

En este problema, Carla empieza con un grupo de conchas
y da algunas.

Esta ecuación muestra lo que sucede en este problema.

$$16 - 7 = \underline{\quad}$$

¿Carla tiene más conchas al principio o al final
del cuento?

Resolver un problema-cuento de resta

Éste es el cuento.

Carla tenía 16 conchas. Le dio 7 a Juanita.
¿Cuántas conchas le quedaron a Carla?

Hay muchas maneras de resolver este problema.
Así es como lo hicieron algunos niños.

Yama descompuso 7 en 6 y 1,
y luego los restó de 16.

$16 - 7 =$ _____

$16 - 6 = 10$
$10 - 1 = 9$
Entonces, $16 - 7 = 9$.

Gregory usó una recta numérica
y contó hacia atrás 7. Llegó a 9.

$16 - 7 =$ _____

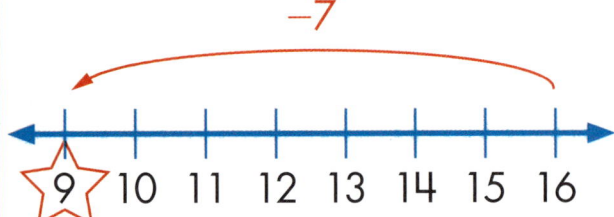

-7

9 10 11 12 13 14 15 16

Katrina dibujó 16 conchas y
tachó 7. Quedaron 9.

$16 - 7 =$ _____

Malcolm usó una combinación de suma que sabía.

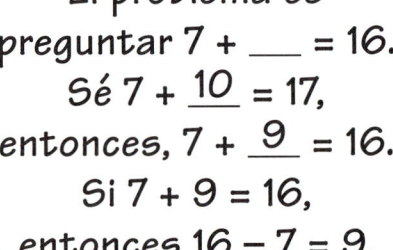

El problema es
preguntar 7 + ___ = 16.
Sé 7 + 10 = 17,
entonces, 7 + 9 = 16.
Si 7 + 9 = 16,
entonces 16 − 7 = 9.

¿Cómo resolverías este problema?

Notación de resta

Carla tenía 16 conchas. Le dio 7 a Juanita.
Luego a Carla le quedaron 9.

Palabras de matemáticas
• **menos**
• **diferencia**

Éstas son dos ecuaciones para este problema.

$$16 - 7 = 9$$

16 menos 7 es igual a 9.

$$9 = 16 - 7$$

9 es igual a 16 menos 7.

La diferencia entre 16 y 7 es 9.

El signo igual muestra que 16 − 7 es la misma cantidad que 9.

¿En qué se parecen y en qué se diferencian estas dos ecuaciones?

Otro problema-cuento de resta

Travis tenía 48 pegatinas de circo. Le dio 22 a Nadia.
¿Cuántas pegatinas de circo le quedaron a Travis?

En este problema, Travis empieza con 48 pegatinas.
Le da 22 a Nadia.

Esta ecuación muestra lo que sucede en este problema.

$$48 - 22 = \underline{\quad}$$

? **¿Travis tiene más pegatinas al principio o al final del cuento?**

Resolver otro problema-cuento de resta (página 1 de 2)

Éste es el cuento.

Travis tenía 48 pegatinas de circo. Le dio 22 a Nadia.
¿Cuántas pegatinas de circo le quedaron a Travis?

Hay muchas maneras de resolver este problema.
Algunos niños muestran 48 pegatinas. Luego sacan o tachan 22,
y cuentan cuántas quedan.

Leigh dibujó 48 pegatinas, tachó 22 y contó cuántas quedaban.

$48 - 22 = $ ___

10 20   y 6 más es 26

Le quedan 26 pegatinas.

Gregory descompuso el 48 para poder restar 22.

$$48 = 20 + 20 + 6 + 2$$

¡Quedan 26!

Otros niños restan 22 de 48 en partes.

Jacy usó una recta numérica para restar 22 de 48.

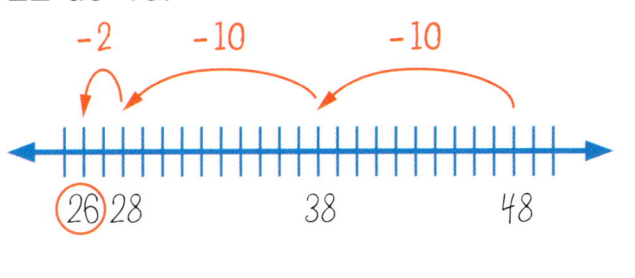

-2   -10   -10

26 28   38   48

$48 - 22 = 26$

Malcolm descompuso 22 en 20 y 2. Primero restó 20, luego restó 2.

$$48 - 22 = ?$$

$$48 - 20 = 28$$
$$28 - 2 = 26$$

Resolver otro problema-cuento de resta (página 2 de 2)

Otros niños piensan, "22 + ___ = 48". Piensan cuánto tienen que sumarle a 22 para llegar a 48.

Roshaun usó una recta numérica.

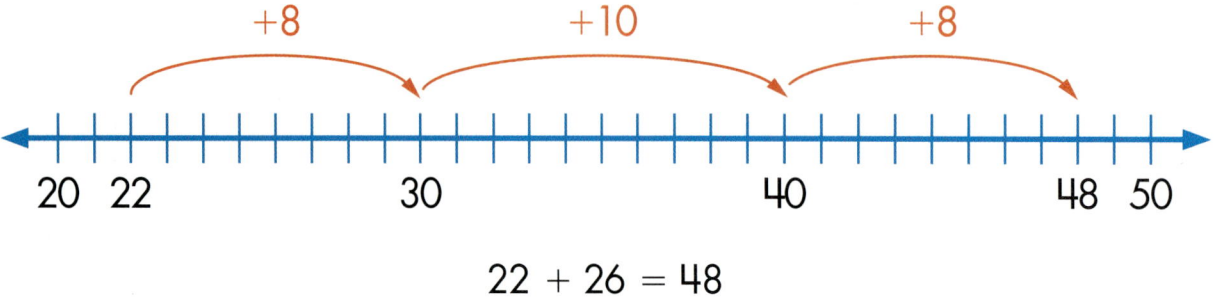

$$22 + 26 = 48$$

Travis usó la tabla de 100.

1	2	3	4	5	6	7	8	9	10
11	12	13	14	15	16	17	18	19	20
21	22	23	24	25	26	27	28	29	30
31	32	33	34	35	36	37	38	39	40
41	42	43	44	45	46	47	48	49	50
51	52	53	54	55	56	57	58	59	60
61	62	63	64	65	66	67	68	69	70
71	72	73	74	75	76	77	78	79	80
81	82	83	84	85	86	87	88	89	90
91	92	93	94	95	96	97	98	99	100

$$
\begin{array}{r}
8 \\
10 \\
+\ 8 \\
\hline
26
\end{array}
$$

Paige usó ecuaciones para anotar lo que pensaba.

$$22 + \underline{26} = 48$$

$$22 + \underline{20} = 42$$
$$42 + \underline{6} = 48$$
$$20 + \underline{6} = 26$$

¿Cómo resolverías este problema?

Resolver un problema de resta

(página 1 de 3)

Éste es otro problema. $72 - 38 =$ ____

$$\begin{array}{r} 72 \\ -\ 38 \end{array}$$

Hay muchas maneras de resolver este problema.

Algunos niños muestran 72 pegatinas. Luego sacan o tachan 38 y cuentan cuántas quedan.

Amaya dibujó 72 pegatinas.

Para tachar 38, tuvo que cambiar una tira por pegatinas sueltas.

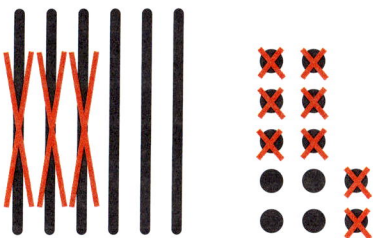

Contó cuántas quedaban.
"10, 20, 30 y 4 más es 34".

Carla usó la tabla de 100.

1	2	3	4	5	6	7	8	9	10	
11	12	13	14	15	16	17	18	19	20	
21	22	23	24	25	26	27	28	29	30	
31	32	33	34	35	36	37	38	39	40	+ 2
41	42	43	44	45	46	47	48	49	50	+10
51	52	53	54	55	56	57	58	59	60	+10
61	62	63	64	65	66	67	68	69	70	+10
71	72	73	74	75	76	77	78	79	80	+ 2
81	82	83	84	85	86	87	88	89	90	34
91	92	93	94	95	96	97	98	99	100	

$72 - 38 = 34$

Henry pensó:

Puedes descomponer 72 en 40 + 30 + 2. Si quitas el 38 del 40, quedan 2. 2 + 30 + 2 = 34.

Roshaun dibujó 72 pegatinas, tachó 38 y contó cuántas quedaban.

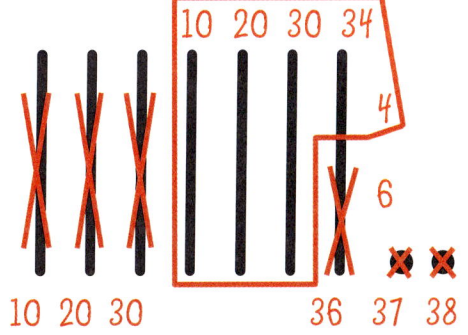

Resolver un problema de resta

(página 2 de 3)

Otros niños restaron 38 de 72 en partes.

Tia usó la tabla de 100. Empezó
en 72 y contó hacia atrás 38. Primero
restó 2, luego 30, luego 6 más.
Quedaron 34.

$72 - 38 = 34$

1	2	3	4	5	6	7	8	9	10
11	12	13	14	15	16	17	18	19	20
21	22	23	24	25	26	27	28	29	30
31	32	33	34	35	36	37	38	39	40
41	42	43	44	45	46	47	48	49	50
51	52	53	54	55	56	57	58	59	60
61	62	63	64	65	66	67	68	69	70
71	72	73	74	75	76	77	78	79	80
81	82	83	84	85	86	87	88	89	90
91	92	93	94	95	96	97	98	99	100

-6 -30 -2

Melissa usó la misma estrategia que Tia, pero usó
la recta numérica para restar en partes. Primero restó 2,
luego 30, luego 6 más.

$72 - 38 = \underline{}$

$72 - 2 = 70$
$70 - 30 = 40$
$40 - 6 = 34$

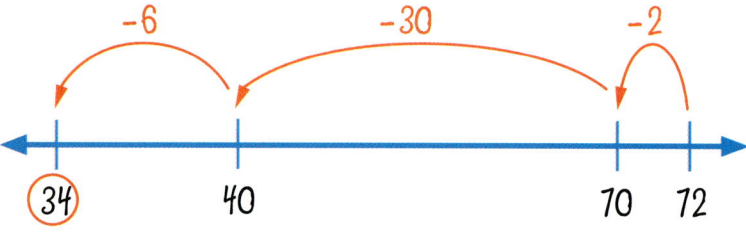

Alberto descompuso 38 en 30 y 8. Primero restó el 30.
Luego restó el 8.

$$72 - 30 = 42$$
$$42 - 8 = 34$$
$$72 - 38 = \underline{34}$$

Resolver un problema de resta

(página 3 de 3)

Para resolver 72 − 38, otros niños piensan, "38 + ___ = 72".
Piensan cuánto tienen que sumarle a 38 para llegar a 72.

Anita usó la tabla de 100
para sumar.

10 + 10 + 10 + 4 = 34

1	2	3	4	5	6	7	8	9	10
11	12	13	14	15	16	17	18	19	20
21	22	23	24	25	26	27	28	29	30
31	32	33	34	35	36	37	**38**	39	40
41	42	43	44	45	46	47	48	49	50
51	52	53	54	55	56	57	58	59	60
61	62	63	64	65	66	67	68	69	70
71	72	73	74	75	76	77	78	79	80
81	82	83	84	85	86	87	88	89	90
91	92	93	94	95	96	97	98	99	100

Henry siguió sumando 10 hasta que estuvo cerca de 72.

$$38 + 10 = 48$$
$$48 + 10 = 58$$
$$58 + 10 = 68$$
$$68 + 4 = 72$$

$$10 + 10 + 10 + 4 = 34$$

Lonzell usó la recta numérica para sumar.

30 + 2 + 2 = 34

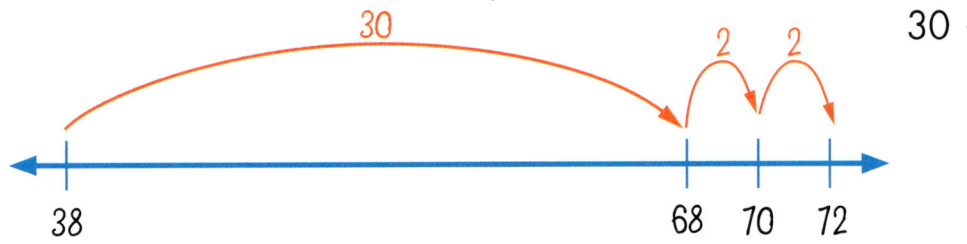

¿Cuántos más? (página 1 de 5)

Éste es otro problema-cuento.

Katrina tenía 8 globos. Luego obtuvo más. Cuando volvió a contar, tenía 11 globos. ¿Cuántos más obtuvo?

En este problema, Katrina empieza con un grupo de 8 globos.

Obtiene más. Luego tiene 11.

Necesitas averiguar cuántos más obtiene.

Estas ecuaciones pueden ir con este problema-cuento.

$8 + \underline{\hspace{1cm}} = 11$

$11 - \underline{\hspace{1cm}} = 8$

$11 = 8 + \underline{\hspace{1cm}}$

$11 - 8 = \underline{\hspace{1cm}}$

¿Al final del cuento Katrina tiene más o menos de 8 globos?

¿Cuántos más? (página 2 de 5)

Katrina tenía 8 globos. Luego obtuvo más. Cuando volvió a contar, tenía 11 globos. ¿Cuántos obtuvo?

Hay muchas maneras de resolver este problema.
Así es como lo hicieron algunos niños.

Anita contó a partir del 8 hasta que llegó al 11 sobre una recta numérica.

$8 + \_\_\_ = 11$

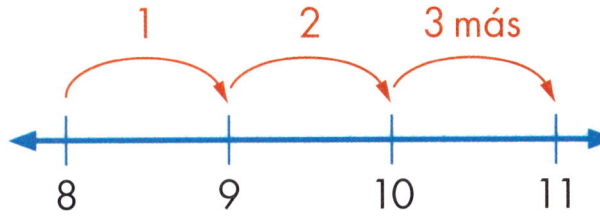

Obtuvo 3 más.

Malcolm contó hacia atrás a partir del 11.

$11 - \_\_\_ = 8$

Si Katrina tenía 11 al final… 1 menos es 10, 2 menos es 9, 3 menos es 8. Obtuvo 3 globos más.

Juan dibujó los 11 globos que Katrina tenía al final del cuento. Trazó un recuadro alrededor de 8 y contó los otros.

$11 - 8 = \_\_\_$

Katrina empezó con 8 globos.

Obtuvo 3 más.

¿Cómo resolverías este problema?

¿Cuántos más? (página 3 de 5)

Puedes usar lo que sabes sobre combinaciones de 10 y múltiplos de 10 para resolver problemas de suma o resta. Por ejemplo, si tienes 46 cubos y necesitas 70:

$$46 + \underline{\quad} = 70$$

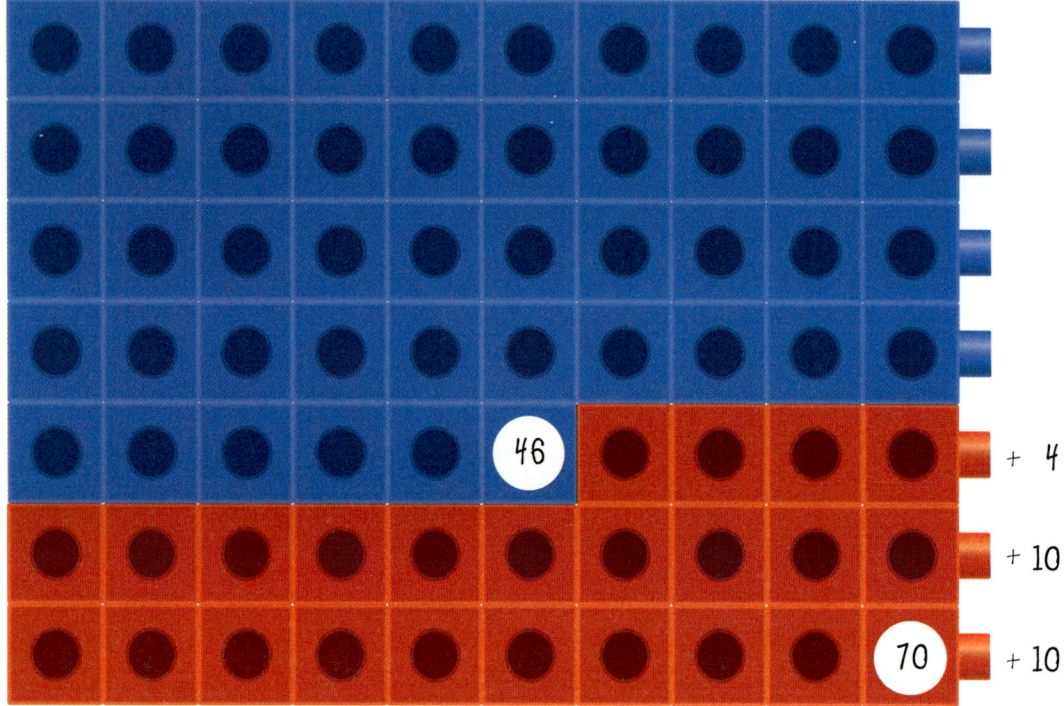

Juntándolo:

$$46 + 4 = 50$$
$$50 + 10 = 60$$
$$60 + 10 = 70$$

$$4 + 10 + 10 = 24$$

Entonces, $46 + \mathbf{24} = 70.$

Si tengo 35 canicas, ¿cuántas más necesito para obtener 60?

Si tengo 58 pegatinas, ¿cuántas más necesito para obtener 90?

¿Cuántos más? (página 4 de 5)

Si tienes 81 monedas de 1¢, ¿cuántas más necesitas para llegar a 100?

$$81 + \underline{} = 100$$

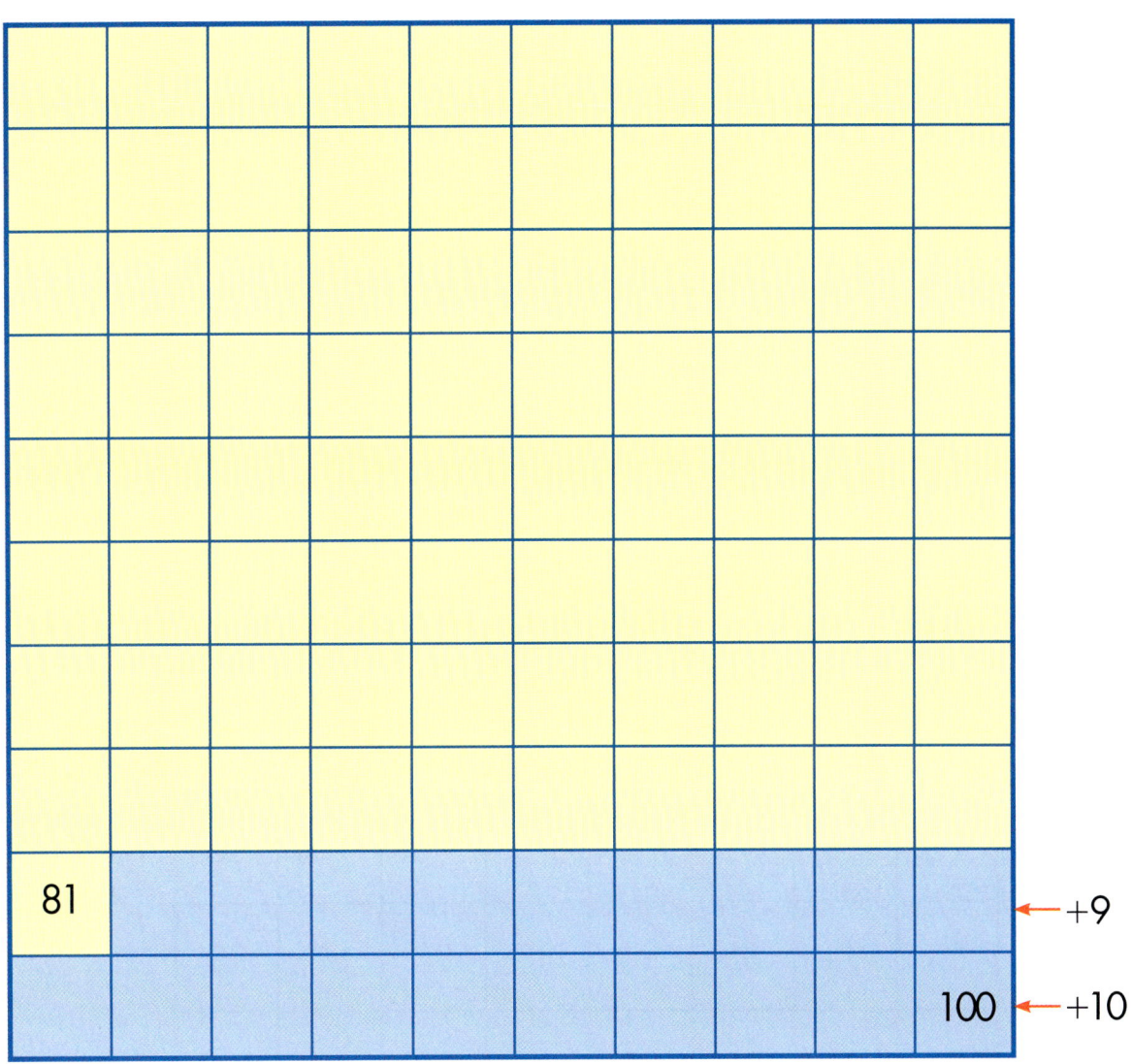

$$81 + \underline{\textbf{19}} = 100$$

¿Cuántos más? (página 5 de 5)

Halla 57 en la tabla de 100. ¿Cuántos más necesitas
para llegar a 100?

$$57 + \underline{\hspace{1cm}} = 100$$

1	2	3	4	5	6	7	8	9	10
11	12	13	14	15	16	17	18	19	20
21	22	23	24	25	26	27	28	29	30
31	32	33	34	35	36	37	38	39	40
41	42	43	44	45	46	47	48	49	50
51	52	53	54	55	56	57	58	59	60
61	62	63	64	65	66	67	68	69	70
71	72	73	74	75	76	77	78	79	80
81	82	83	84	85	86	87	88	89	90
91	92	93	94	95	96	97	98	99	100

←—+3

+40

$$57 + \underline{\textbf{43}} = 100$$

? Si tienes 44, ¿cuántos más necesitas para obtener 100?
¿Cuál es la distancia entre el 72 y el 100?

Símbolos de matemáticas

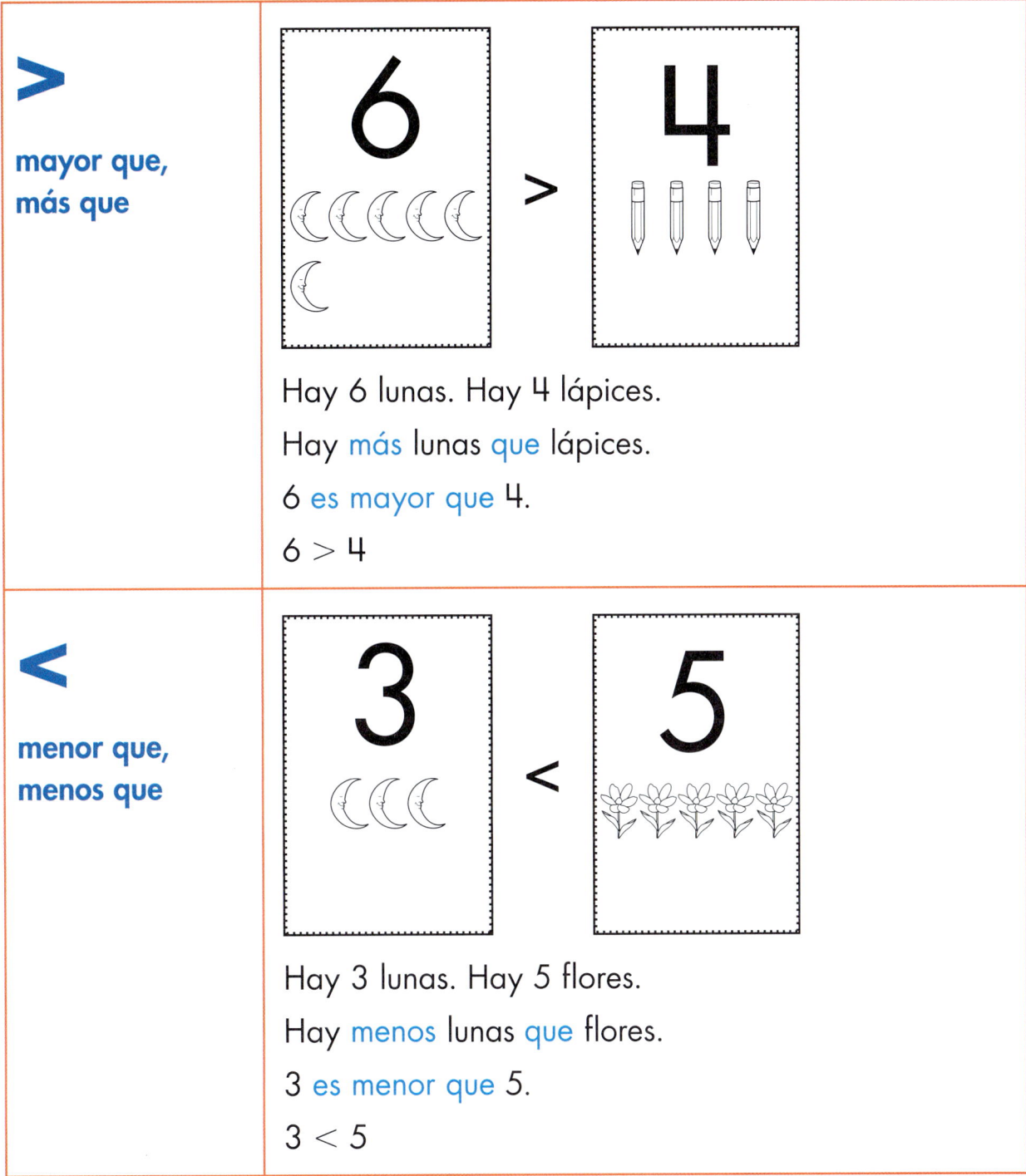

>

mayor que,
más que

Hay 6 lunas. Hay 4 lápices.

Hay más lunas que lápices.

6 es mayor que 4.

6 > 4

<

menor que,
menos que

Hay 3 lunas. Hay 5 flores.

Hay menos lunas que flores.

3 es menor que 5.

3 < 5

Usar símbolos de matemáticas

(página 1 de 2)

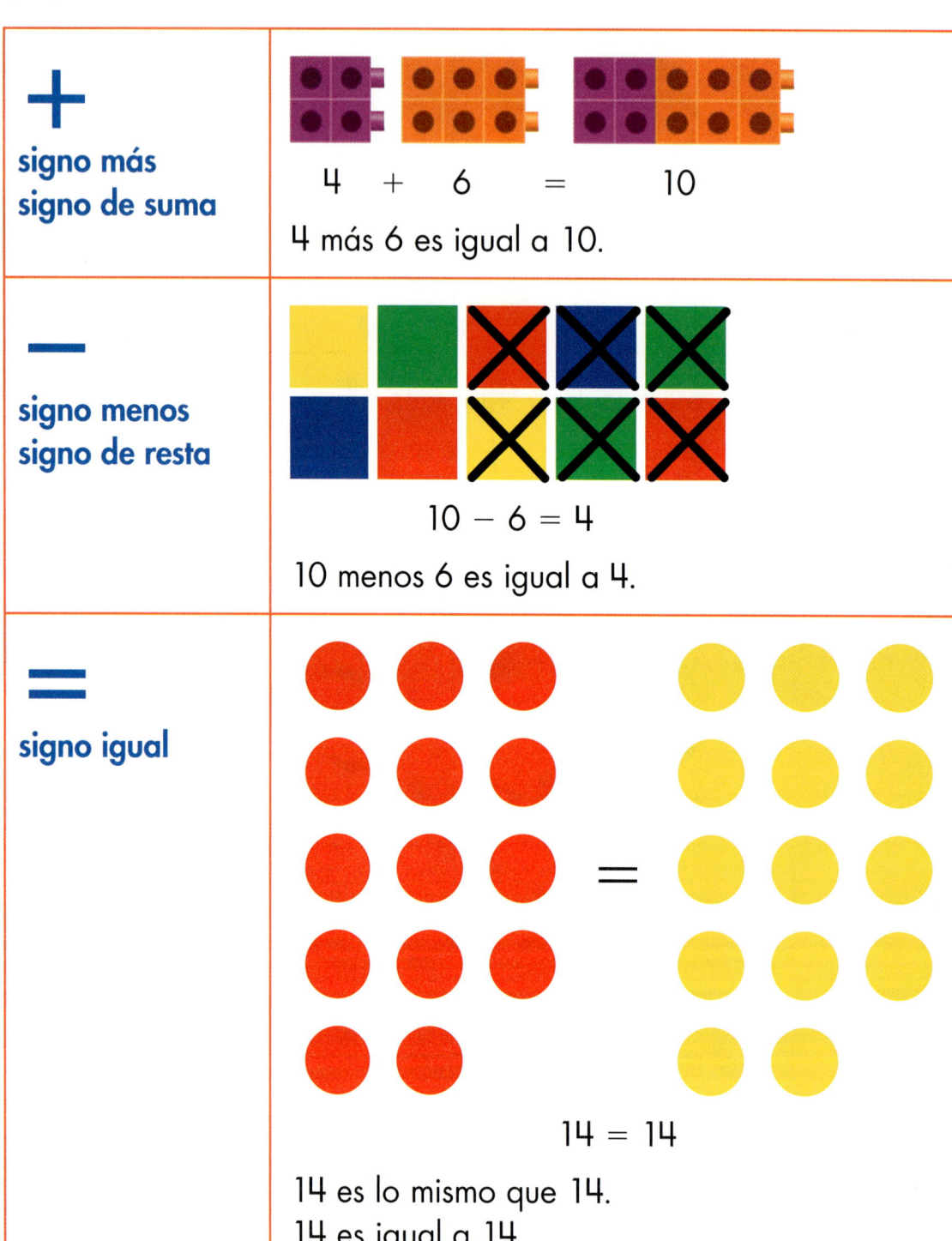

+ **signo más** **signo de suma**	4 + 6 = 10 4 más 6 es igual a 10.
— **signo menos** **signo de resta**	10 − 6 = 4 10 menos 6 es igual a 4.
= **signo igual**	14 = 14 14 es lo mismo que 14. 14 es igual a 14.

Usar símbolos de matemáticas

(página 2 de 2)

Una ecuación usa números y símbolos para mostrar lo que sucede en un problema de matemáticas.

$$10 + 14 = 24$$

$$24 - 14 = 10$$

Éstas son dos maneras de escribir problemas de suma o resta.

$$\begin{array}{r} 10 \\ + 14 \\ \hline 24 \end{array}$$
es lo mismo que $10 + 14 = 24$

Éstas son dos maneras de escribir problemas de suma o resta.

$24 - 14 = 10$ es lo mismo que $$\begin{array}{r} 24 \\ - 14 \\ \hline 10 \end{array}$$

Fracciones

Las fracciones son partes iguales de un entero.

Las fracciones muestran cuántas partes hay en un entero y cuántas de esas partes tienes.

Éste es un sándwich cortado en partes iguales.

Este sándwich está cortado por la mitad porque hay dos trozos iguales.

Si comes uno de esos trozos, comerás un medio del sándwich.

Éstas son algunas otras maneras de dividir este sándwich por la mitad.

Escribir fracciones

Todas las fracciones se escriben con dos números. Siempre hay una línea entre los dos números. La línea puede ser recta o inclinada.

Por ejemplo, puedes escribir la fracción "un medio" como $\dfrac{1}{2}$ ó $\dfrac{1}{2}$.

El número de abajo muestra cuántos trozos iguales hay en el entero. El sándwich se cortó en 2 trozos iguales.

$\dfrac{1}{2}$

El número de arriba muestra cuántos trozos del sándwich toma Juan.

¿Qué más se puede dividir entre dos partes iguales?

Un medio

$\frac{1}{2}$ es una de dos partes iguales.

Este sándwich está cortado
por la mitad.

Esta naranja está cortada
por la mitad.

La mitad de 10¢ es 5¢.

$\frac{1}{2}$ de esta bandera es roja.

$\frac{1}{2}$ de esta bandera es azul.

**Si tienes 8 globos y la mitad se vuelan, ¿cuántos globos
te quedan?**

Un cuarto

$\frac{1}{4}$ es una de cuatro partes iguales.

Palabras de matemáticas
• **cuarto**

Este sándwich está cortado
en cuartos.

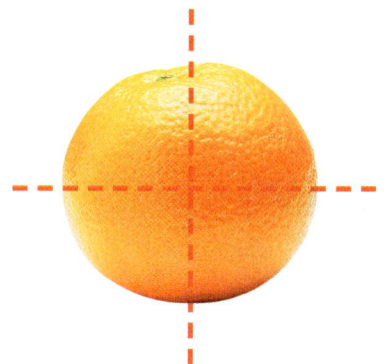

Esta naranja está cortada
en cuartos.

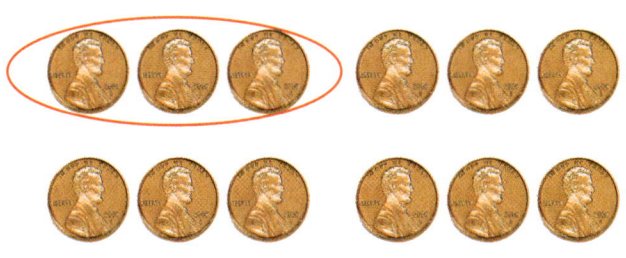

Un cuarto de 12¢ es 3¢.

$\frac{1}{4}$ de esta bandera es azul.

Si tienes 8 globos y un cuarto se vuelan, ¿cuántos globos se volaron?

Dos cuartos

$\frac{2}{4}$ es dos de cuatro partes iguales. Dos cuartos es la misma cantidad que un medio ($\frac{1}{2}$).

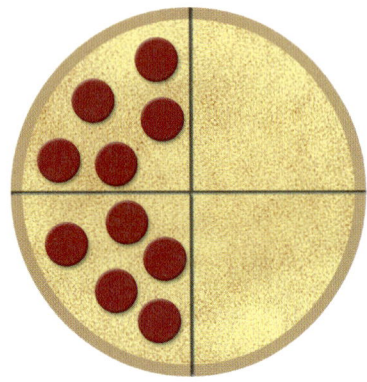

$\frac{2}{4}$ de esta pizza

tiene un ingrediente adicional.

Dos cuartos de las latas son rojas.

Dos cuartos de 12¢ es 6¢.

$\frac{2}{4}$ de esta bandera es azul.

Si tienes 8 globos y dos cuartos se vuelan, ¿cuántos globos se volaron?

Tres cuartos

$\frac{3}{4}$ es tres de cuatro partes iguales.

$\frac{3}{4}$ de esta pizza
tiene un ingrediente adicional.

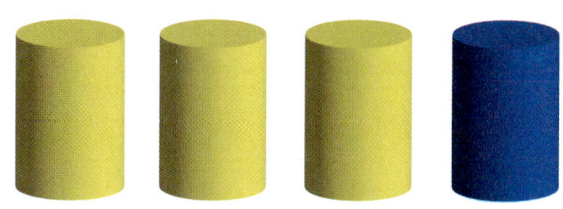

Tres cuartos de las latas
son amarillas.

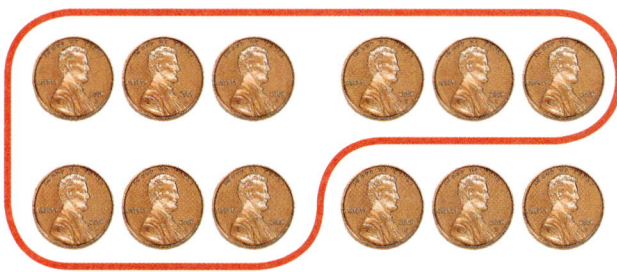

Tres cuartos de 12¢ es 9¢.

$\frac{3}{4}$ de esta bandera es verde.

 **Si tienes 16 globos y tres cuartos se vuelan,
¿cuántos globos se volaron?**

Un tercio

$\frac{1}{3}$ es uno de tres partes iguales.

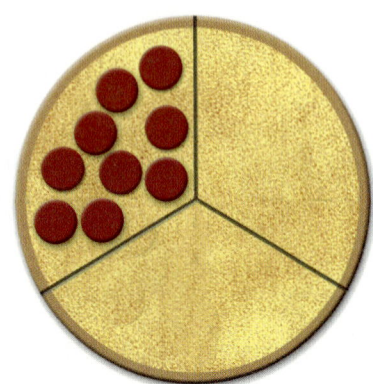

Un tercio de esta pizza
tiene un ingrediente adicional.

$\frac{1}{3}$ de esta taza está llena
de jugo.

$\frac{1}{3}$ de los globos son anaranjados.

Un tercio de esta bandera es roja.
Un tercio es blanca.
Un tercio es azul.

¿Cuántas monedas de 1¢ es $\frac{1}{3}$ de nueve monedas de 1¢?

Dos tercios

$\frac{2}{3}$ es dos de tres partes iguales.

Dos tercios de esta pizza tiene un ingrediente adicional.

$\frac{2}{3}$ de esta taza está llena de jugo.

$\frac{2}{3}$ de los globos son amarillos.

Dos tercios de esta bandera es roja.

Si tienes 9 monedas de 1¢ y gastas dos tercios de ellas, ¿cuántas gastaste? ¿Cuántas monedas de 1¢ te quedarán?

Números mixtos

Los números mixtos son números enteros y fracciones juntos.

$2\frac{1}{4}$

$2\frac{1}{4}$ está entre el 2 y el 3.

$3\frac{1}{2}$

$3\frac{1}{2}$ está entre el 3 y el 4.

$5\frac{2}{3}$

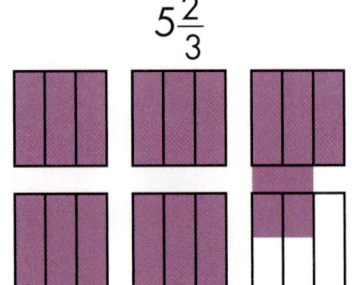

$5\frac{2}{3}$ está entre el 5 y el 6.

Hay muchas veces que se pueden usar números mixtos.

Paige mide $4\frac{1}{2}$ pies. Mide 4 pies enteros y $\frac{1}{2}$ de otro pie.

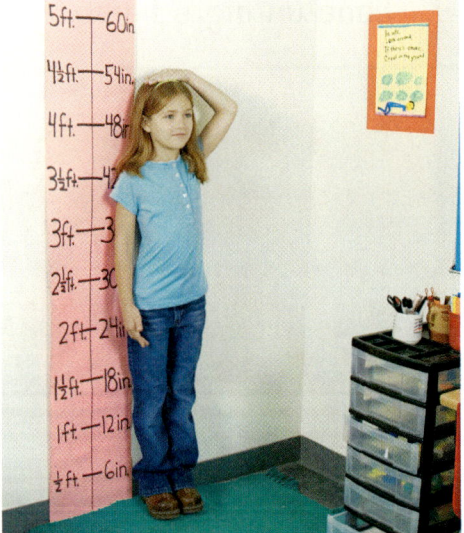

Si cuatro niños comparten 6 sándwiches, cada niño obtiene 1 sándwich entero y la mitad de otro sándwich.

 **¿Cuándo usas números mixtos?**

Un patrón que aumenta

Mira este ejemplo de un grupo de personas y el número de ojos.

1 persona
2 ojos

2 personas
4 ojos

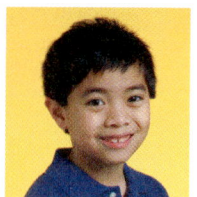

3 personas
6 ojos

4 personas
8 ojos

Cada vez que se une al grupo una persona más, el número total de ojos aumenta en 2.

Comprender cómo aumenta y cambia un patrón te puede ayudar a averiguar lo que sigue.

¿Cuál es el número total de ojos para 5 personas?

Tablas (página 1 de 2)

Una tabla es una manera de organizar información.

Una tabla está formada por columnas que van verticalmente y por filas que van horizontalmente. Mira esta tabla sobre personas y ojos.

Las **columnas** van verticalmente.

Las **filas** van horizontalmente.

Número de personas	Número total de ojos
1 persona	2 ojos
2 personas	4 ojos
3 personas	6 ojos
4 personas	8 ojos
5 personas	10 ojos
6 personas	12 ojos
7 personas	14 ojos

Tablas (página 2 de 2)

Ésta es la misma tabla sólo con números. Trata de averiguar lo que muestra cada fila y cada columna.

Número de personas	Número total de ojos
1	2
2	4
3	6
4	8
5	10
6	12
7	14

Esta fila significa que que 2 personas tienen un total de 4 ojos.

Esta fila significa que 4 personas tienen un total de 8 ojos.

¿Observas un patrón en esta tabla?
¿Cuál es el número total de ojos para 10 personas?

Otro patrón que aumenta

Se está construyendo este edificio. Cada piso de este edificio tiene 5 cuartos.

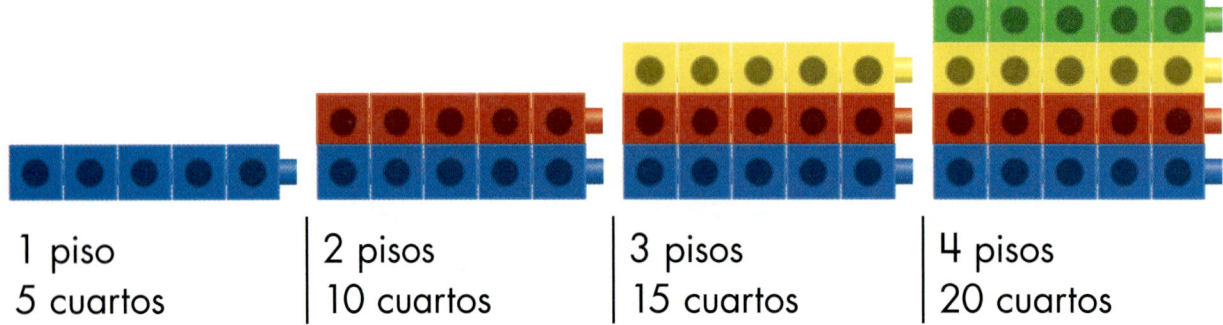

| 1 piso
5 cuartos | 2 pisos
10 cuartos | 3 pisos
15 cuartos | 4 pisos
20 cuartos |

Hay muchas maneras de describir este patrón que aumenta.

El *edificio* parece un patrón de más 5.

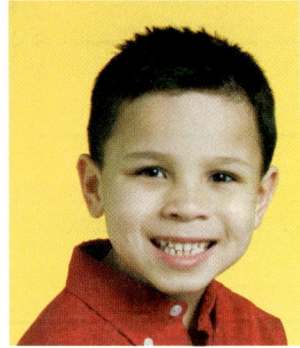

Aumenta de 5 en 5 cada vez.

 **¿Cómo describirías este patrón? ¿Cuál sería el número total de cuartos si el edificio tuviera 6 pisos?**

Una tabla para un edificio de cubos (página 1 de 2)

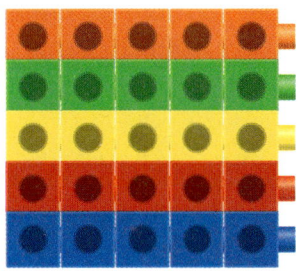

Número total de pisos	Número total de cuartos
1	5
2	10
3	15
4	20
5	25

Esta fila muestra que un edificio de 2 pisos tiene 10 cuartos.

Ésta es una brecha en la tabla. Los pisos 6, 7, 8 y 9 no se muestran.

10	?

Esta fila muestra 10 pisos.

La brecha en la tabla muestra un salto de 5 pisos a 10 pisos. Todavía puedes pensar en 6 pisos, 7 pisos, 8 pisos y 9 pisos para que te ayuden a continuar el patrón.

¿Puedes averiguar cuántos cuartos en total habría en 10 pisos de este edificio?

Una tabla para un edificio de cubos (página 2 de 2)

¿Puedes averiguar cuántas salas en total habría en 10 pisos de este edificio?

Varios niños pensaron en este problema y lo resolvieron de diferentes maneras.

Leo contó diez veces de 5 en 5.

50
45
40
35
30

25
20
15
10
5

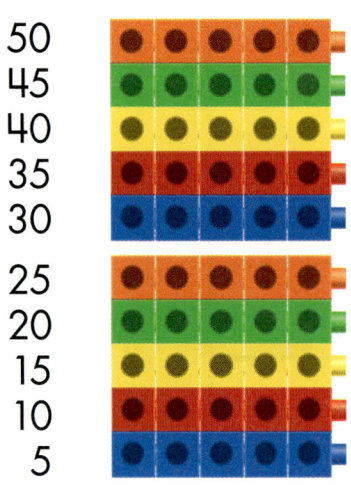

Melissa duplicó el número de cuartos en 5 pisos.

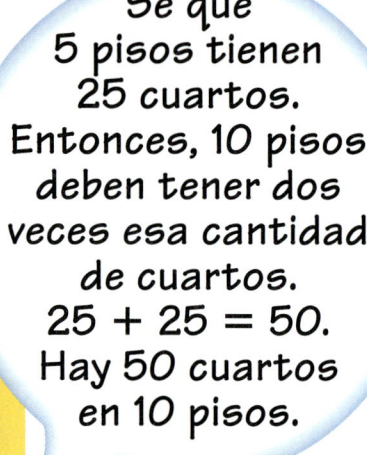

Sé que 5 pisos tienen 25 cuartos. Entonces, 10 pisos deben tener dos veces esa cantidad de cuartos. 25 + 25 = 50. Hay 50 cuartos en 10 pisos.

Simon contó hacia adelante desde 25 de 5 en 5.

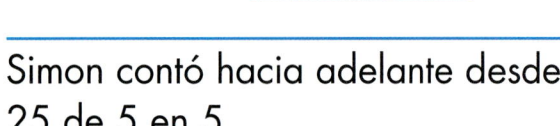

+5

25

30 35 40 45 50

Anita contó hacia adelante 5 pisos más de 1 en 1.

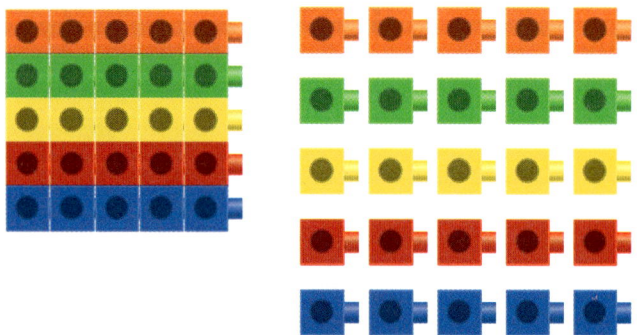

¿Cómo resolverías este problema?

Figuras de bloques de patrón

Éstas son las figuras de bloques de patrón.

hexágono

triángulo

trapecio

rombo

cuadrado

rombo

Un patrón que aumenta con bloques de patrón

Un trapecio puede cubrirse con 3 triángulos.

2 trapecios pueden cubrirse con 6 triángulos.

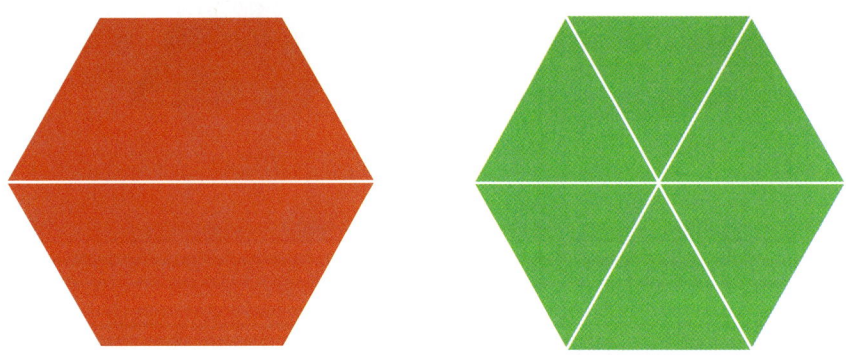

Número de trapecios	Número de triángulos
1	3
2	6
3	?

¿Cuántos triángulos cubrirían 3 trapecios?

Patrones que se repiten

Hay muchos ejemplos de patrones que se repiten.
Éstos son algunos.

- **números**

  1 2 3 1 2 3 1 2 3 1 2 3 1 2 3

- **colores**

- **figuras**

- **acciones**

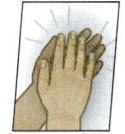 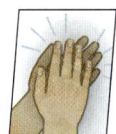 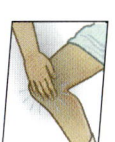 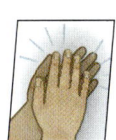 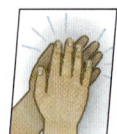 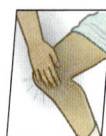 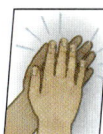 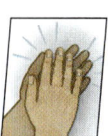 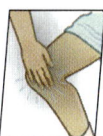

| aplauso | aplauso | palmada en la rodilla | aplauso | aplauso | palmada en la rodilla | aplauso | aplauso | palmada en la rodilla |

 **¿Éste es un patrón que se repite?**

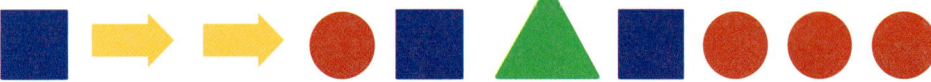

Unidad

Palabras de
matemáticas
• **unidad**

La unidad es la parte del patrón que se repite continuamente.

unidad:

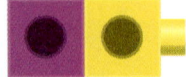

patrón:

---

unidad: 1 2 3

patrón: 1 2 3 1 2 3 1 2 3 1 2 3 1 2 3

---

unidad:

patrón:

¿Puedes encontrar la unidad de este patrón?

Patrones que se repiten sobre una tira de números

Una tira de números puede ayudarte a anotar un patrón que se repite.

En este patrón que se repite, cada cuadrado está numerado.

El 1er cuadrado es verde.

El 2° cuadrado es azul.

El 3er cuadrado es verde.

El 4° cuadrado es azul.

El 5° cuadrado es verde.

El 6° cuadrado es azul.

El 7° cuadrado es verde.

El 8° cuadrado es azul.

El 9° cuadrado es verde.

El 10° cuadrado es azul.

Cuando un patrón se repite, puedes usar lo que sabes para predecir lo que sigue.

Si este patrón se sigue repitiendo de la misma manera, ¿qué color irá en el cuadrado 12? ¿El cuadrado 15 será azul o verde? Si el patrón se repite para 20 cuadrados, ¿cuántos cuadrados serán azules?

Datos

Palabras de matemáticas
• **datos**

La información que reúnes se llama datos. Hacer la misma pregunta a un grupo de personas es una manera de reunir datos.

Por ejemplo, la Srta. Williams estaba planificando un programa extracurricular para estudiantes de segundo grado. Para empezar reunió datos.

La Srta. Williams reunió los datos para descubrir lo que les gustaba hacer después de clase a los estudiantes de segundo grado.

Ésta es la pregunta de la Srta. Williams.

¿Cuál es tu actividad extracurricular preferida?

La Srta. Williams usará los datos que reúne para que la ayuden a decidir qué actividades ofrecer.

¿Cuáles son algunas preguntas que te ayudaron a reunir datos en tu clase?

Encuesta

Palabras de matemáticas
• **encuesta**

Hacer una encuesta es una manera de reunir datos. Para realizar una encuesta haces la misma pregunta a un grupo de personas y llevas la cuenta de sus respuestas.

Ésta es la encuesta extracurricular de la Srta. Williams con las respuestas que dieron los estudiantes.

¿Cuál es tu actividad extracurricular preferida?			
Estudiante	**Actividad preferida**	**Estudiante**	**Actividad preferida**
Alberto	Dibujar	**Jacy**	Jugar al fútbol
Anita	Sacar libros	**Leigh**	Tocar el piano
Carla	Jugar a la mancha	**Leo**	Ir al área de juego
Carolina	Pintar	**Nate**	Coser
Chen	Leer cuentos y actuarlos	**Malcolm**	Dibujar
Esteban	Escuchar música	**Gregory**	Imaginar y dramatizar
Henry	Hacer deportes	**Rochelle**	Leer cuentos y hacer títeres
Holly	Disfrazarse y actuar	**Simon**	Tocar la batería
Jeffrey	T-ball	**Yama**	Ir al área de juego

Formar categorías (página 1 de 2)

Poner datos en categorías puede ayudarte a aprender algo sobre el grupo que encuestas.

La Srta. Williams obtuvo muchas respuestas diferentes de los estudiantes. Las puso en categorías para averiguar qué clases extracurriculares ofrecer.

Luego de analizar los datos, la Srta. Williams observó que a muchos de los estudiantes les gustaban las actividades artísticas. Decidió hacer una clase extracurricular para estos estudiantes.

Clase de arte	
Estudiante	Actividad preferida
Alberto	Dibujar
Carolina	Pintar
Nate	Coser
Malcolm	Dibujar

Mira los datos de la página 105.
¿Qué otras categorías podría hacer la Srta. Williams?
¿Qué otras clases extracurriculares deberían ofrecerse?

Formar categorías (página 2 de 2)

La Srta. Williams miró todas las respuestas de los estudiantes y reunió las respuestas parecidas. Formar categorías la ayudó a averiguar qué clases extracurriculares se necesitaban.

Éstas son las categorías.

Tipo de clase	Respuestas de los estudiantes
Arte	Dibujar, pintar, coser, dibujar
Deportes y juegos al aire libre	Jugar a la mancha, hacer deportes, T-ball, jugar al fútbol, ir al área de juego
Dramatizaciones	Imaginar y dramatizar, disfrazarse y actuar, leer cuentos y hacer títeres
Música	Escuchar música, tocar el piano, tocar la batería
Biblioteca	Sacar libros, leer cuentos y actuar, disfrazarse y actuar, leer cuentos y hacer títeres

Algunas de las respuestas en Dramatizaciones y Biblioteca son las mismas.

¿Qué actividades aparecen tanto en Dramatizaciones como en Biblioteca?

Diagramas de Venn

Palabras de matemáticas

• **diagrama de Venn**

La Srta. Williams pensó que los estudiantes estarían contentos con las clases pero había un problema. Había 5 clases pero sólo 4 maestras. ¿Qué podía hacer?

La Srta. Williams miró los datos otra vez. Observó que algunas de las actividades eran muy parecidas. A los estudiantes en la categoría Dramatizaciones les gustaba leer cuentos y actuar, al igual que a los estudiantes en la categoría Biblioteca. Hace un diagrama de Venn para que la ayude a analizar esta cuestión.

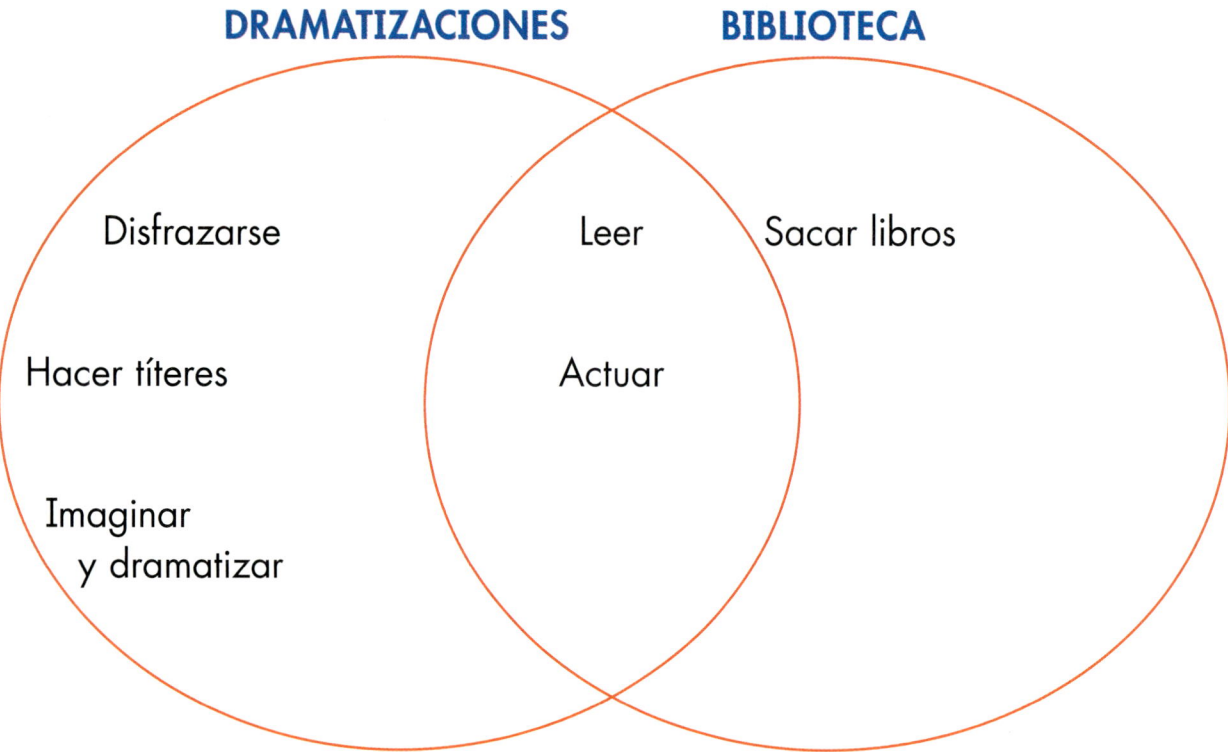

DRAMATIZACIONES   BIBLIOTECA

Disfrazarse   Leer   Sacar libros

Hacer títeres   Actuar

Imaginar y dramatizar

Mirar el diagrama de Venn ayudó a la Srta. Williams a darse cuenta de que había cierta superposición entre las dos clases. Decidió combinar las clases de manera que todos los estudiantes en Dramatizaciones y Biblioteca pudieran leer cuentos y actuar. La nueva clase extracurricular se llamó Teatro.

Organizar los datos

Llegó el momento en que la Srta. Williams decidiera qué salas usar. Había algunas salas grandes y otras pequeñas. Necesitaba averiguar qué clases extracurriculares tenían la mayor cantidad de estudiantes y qué clases eran más pequeñas.

 **¿Puedes pensar en una manera de ayudar a la Srta. Williams a organizar sus datos?**

La Srta. Williams volvió a mirar sus datos y armó esta gráfica.

		Yama	
		Leo	Gregory
Malcolm		Jacy	Rochelle
Nate	Simon	Jeffrey	Holly
Carolina	Leigh	Henry	Chen
Alberto	Esteban	Carla	Anita
Arte	**Música**	**Deportes y Actividades al aire libre**	**Teatro**

 **¿Qué clase necesitará el espacio más grande?**
¿Cuántos chicos más hay en Arte que en Música?
¿Cuántos chicos habrá en las clases extracurriculares en total?

Diagrama de puntos

En la escuela, vas a reunir datos sobre cuántos bolsillos tienen puestos todos los estudiantes de tu clase. Puedes representar los datos sobre un diagrama de puntos. Éste es un ejemplo de una clase de segundo grado.

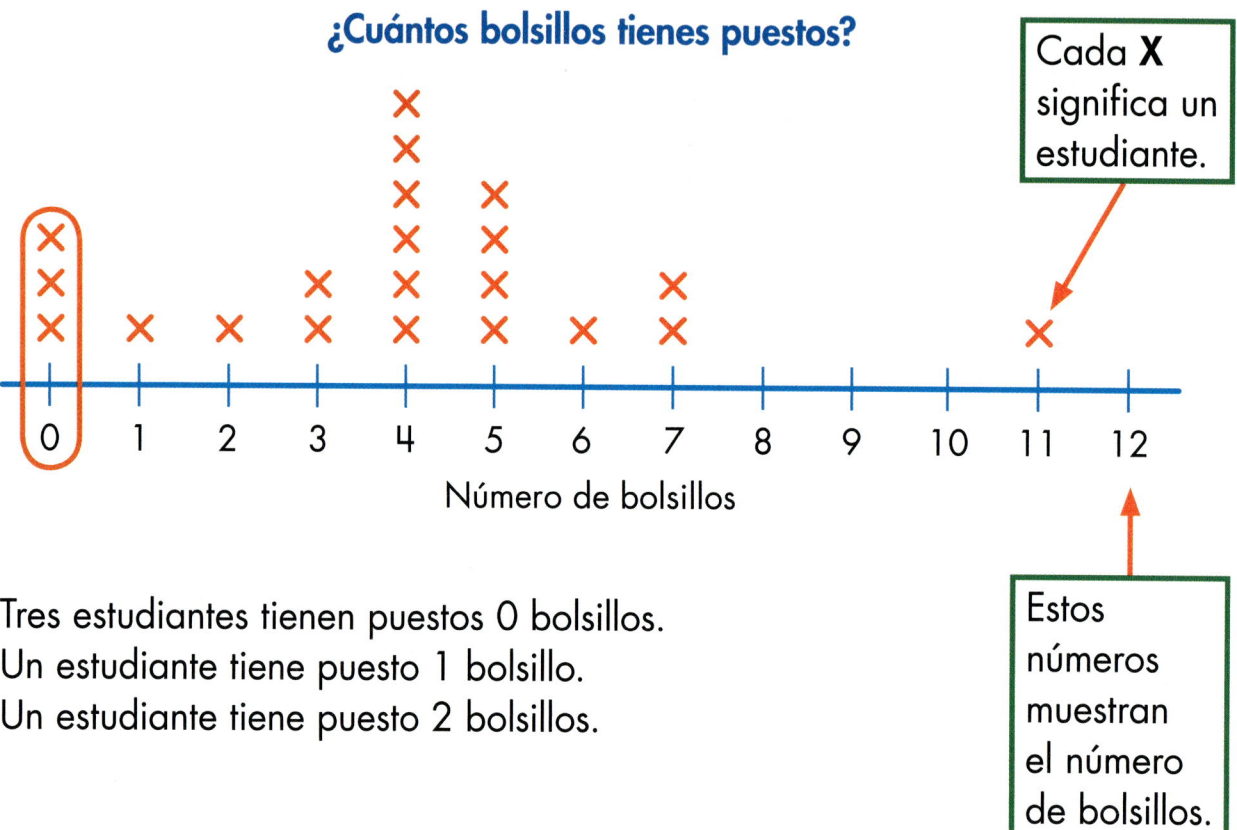

¿Cuántos bolsillos tienes puestos?

Número de bolsillos

Cada **X** significa un estudiante.

Estos números muestran el número de bolsillos.

Tres estudiantes tienen puestos 0 bolsillos.
Un estudiante tiene puesto 1 bolsillo.
Un estudiante tiene puesto 2 bolsillos.

¿Cuántos estudiantes tienen puestos 4 bolsillos?
¿Cuántos estudiantes tienen puestos 8 bolsillos?
¿Cuántos estudiantes respondieron a la pregunta?
¿Qué más observas?

Hablar de datos

Ésta es la misma gráfica sobre los bolsillos. Mírala otra vez.

Palabras de matemáticas
- **valor más alto**
- **valor más bajo**
- **rango**
- **moda**
- **valor extremo**

¿Cuántos bolsillos tienes puestos?

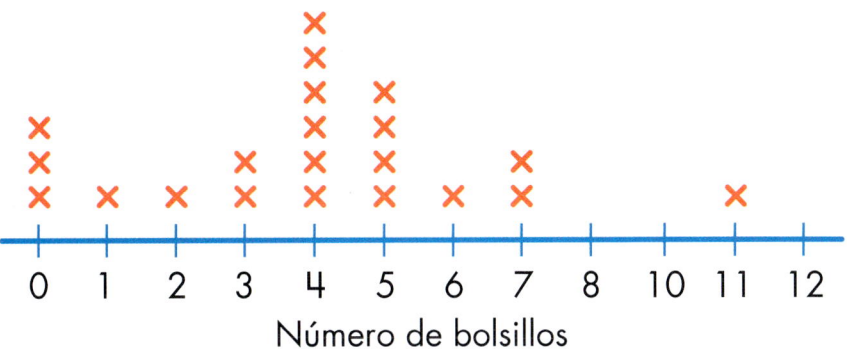

Número de bolsillos

Hay muchas palabras que puedes usar para hablar de datos con números. Éstas son algunas.

Palabra	Cómo se usa en esta gráfica
valor más alto	En esta clase 11 bolsillos es el número más grande de bolsillos que tiene puesto un niño.
valor más bajo	En esta clase 0 bolsillos es el número más pequeño de bolsillos que tiene puesto un niño.
rango	En esta clase el número de bolsillos oscila entre 0 y 11.
moda	El número más común de bolsillos es 4.
valor extremo	En esta clase 11 bolsillos es el valor extremo. Éste es un número inusual de bolsillos.

Geometría

La geometría es el estudio de las figuras.

Hay figuras en todos lados. Podemos encontrar figuras en nuestra clase, en casa, en la calle y en el mundo que nos rodea.

Mira tu alrededor. ¿Qué figuras ves?

Figuras en el mundo

¿Qué figuras ves en esta foto?

Figuras bidimensionales

Palabras de matemáticas
• **bidimensional**

Las figuras bidimensionales son planas. Se pueden dibujar en una hoja de papel o en cualquier otra superficie plana. Éstas son algunas figuras bidimensionales.

Círculo

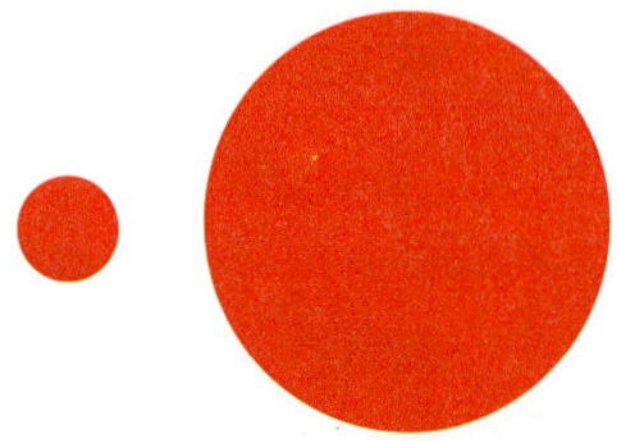

Óvalo

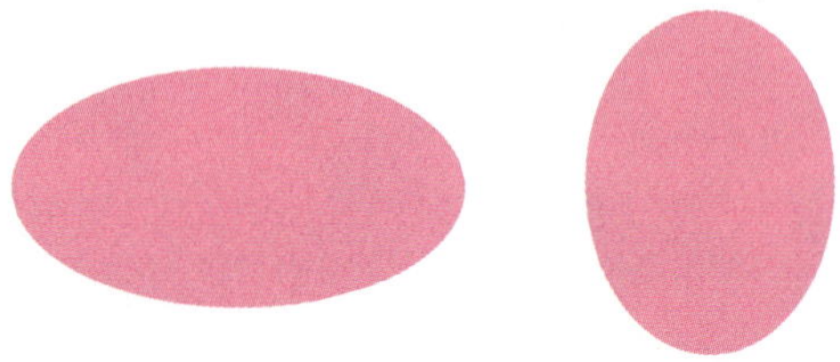

Triángulo

Cuadrado

Rectángulo

Rombo

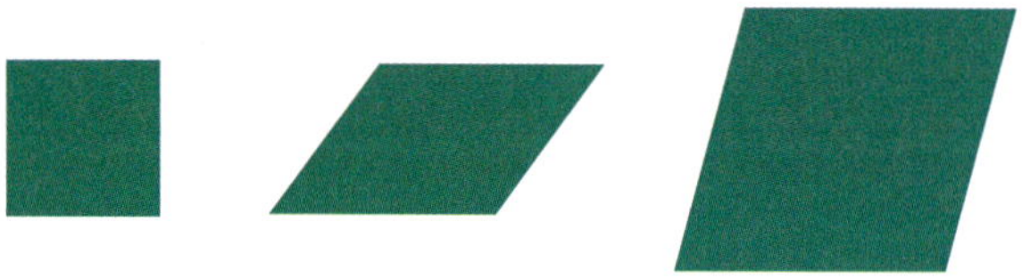

Trapecio

Hexágono

**Dibuja algunas figuras bidimensionales.
¿Qué figuras dibujaste?**

Polígonos

Un polígono es una figura bidimensional cerrada.
Todos los lados son rectos.

Palabras de matemáticas

- **polígono**

Estas figuras son polígonos.

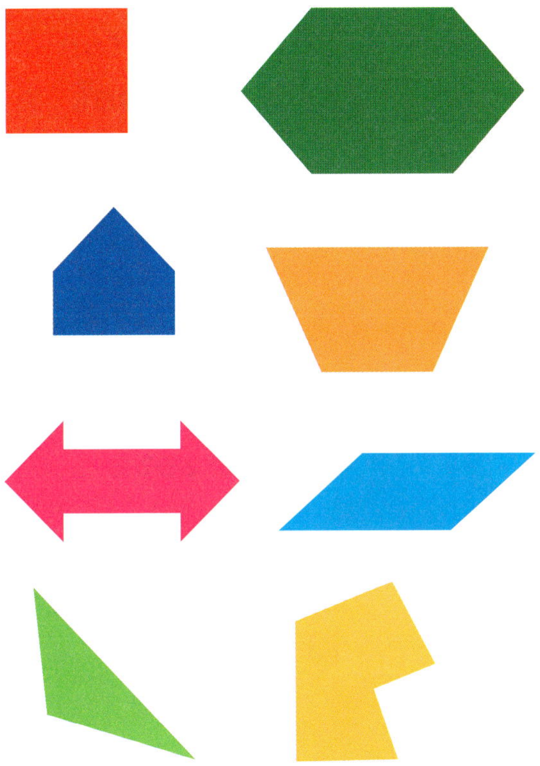

Éstas no son polígonos.

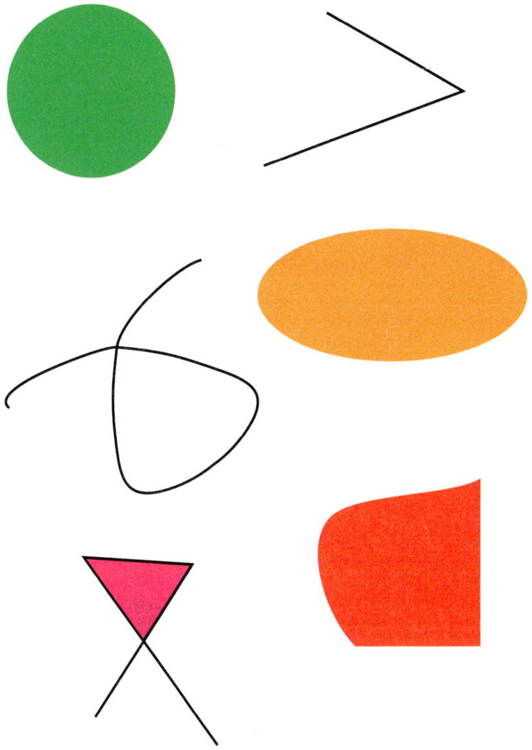

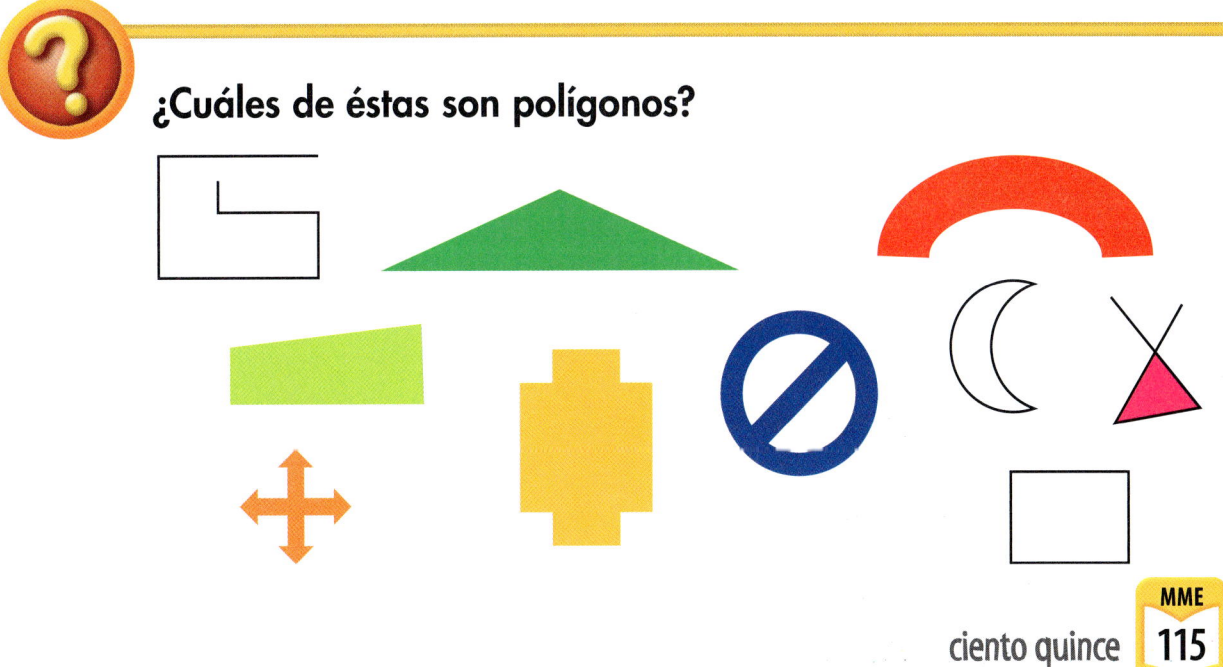

¿Cuáles de éstas son polígonos?

Describir polígonos

Puedes describir polígonos por su apariencia. Éstas son algunas maneras que usan los estudiantes de segundo grado para describir diferentes polígonos.

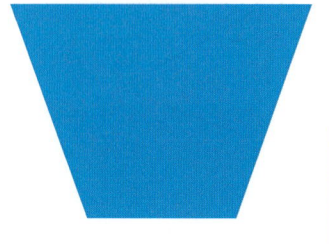

"Tiene 4 lados y 4 esquinas. Los lados están inclinados".

"Parece un tazón. La parte de arriba es más ancha que la parte de abajo".

"Es un triángulo, pero está inclinado y parece que se va a caer".

"Tiene 3 puntas. La de arriba es más pronunciada".

"Es como un círculo pero no tiene curvas".

"Parece una señal de PARE".

¿Cómo describirías estas figuras?

Nombrar polígonos

Palabras de matemáticas
• **lado**

Los polígonos se nombran por el número de lados que tienen.

Triángulos 3 lados	Cuadriláteros 4 lados
Pentágonos 5 lados	Hexágonos 6 lados
Heptágonos 7 lados	Octágonos 8 lados

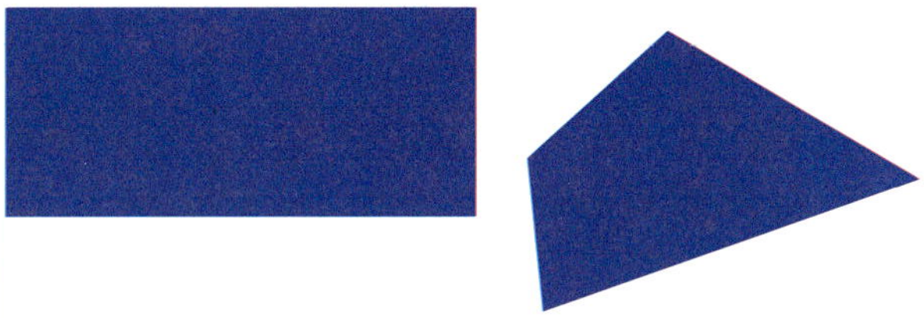

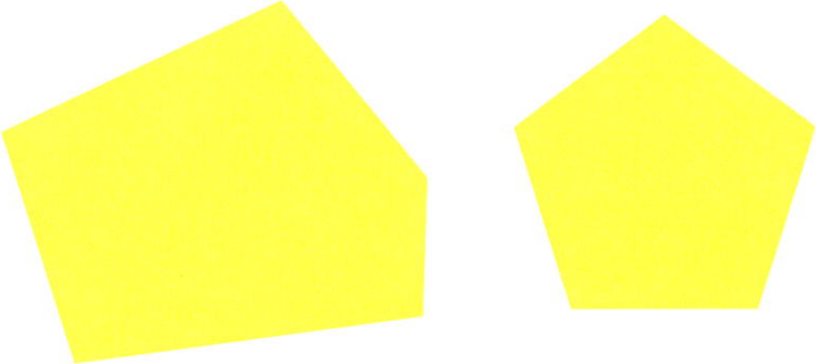

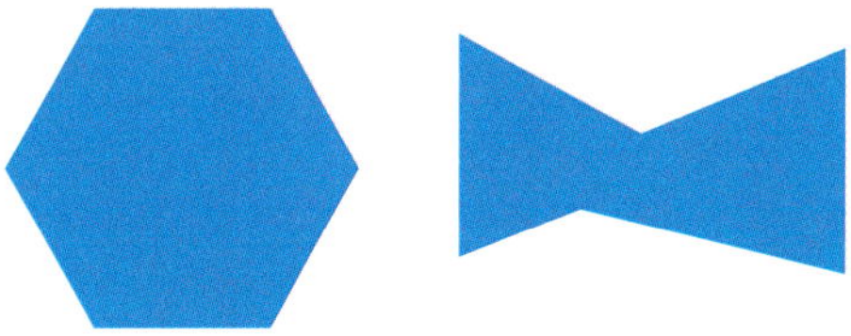

Un polígono con 12 lados se llama un dodecágono.
¿Puedes dibujar un dodecágono?

Lados, vértices y ángulos

También puedes hablar de lados, vértices y ángulos para describir un polígono. Piensa en un triángulo.

Un triángulo tiene 3 lados.

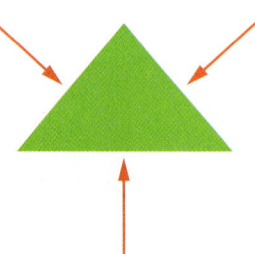

Un vértice es el lugar donde se encuentran dos rectas. Si hay más de un vértice, éstos se llaman vértices. (Muchos estudiantes de segundo grado llaman esquinas a los vértices.)

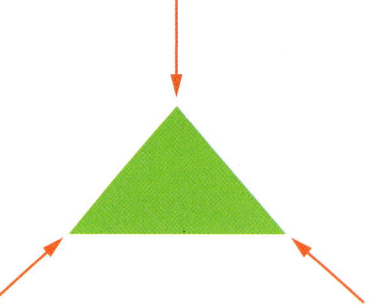

Un triángulo tiene 3 vértices.

Cuando se encuentran dos rectas, forman un ángulo.  ángulo

Un triángulo tiene 3 ángulos.

¿Cuántos lados tiene un cuadrilátero? ¿Cuántos vértices? ¿Cuántos ángulos? ¿Y un hexágono?

Ángulos rectos

Palabras de matemáticas
• ángulo recto

Hay diferentes tipos de ángulos. Cuando un ángulo forma una esquina cuadrada, se lo llama ángulo recto. Un cuadrado puede caber en un ángulo recto.

Este triángulo tiene un ángulo recto y dos ángulos que no son ángulos rectos.

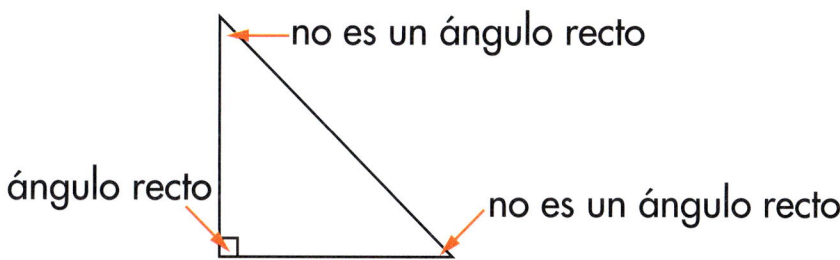

Cuatro de estas figuras tienen un ángulo recto. ¿Puedes hallarlas?

Cuadriláteros

Palabras de matemáticas
• **cuadrilátero**

Un cuadrilátero es un polígono que tiene 4 lados.

Hay cuadriláteros en el mundo que te rodea. ¿Ves algo con forma de cuadrilátero cerca de donde te encuentras ahora?

Estas figuras son cuadriláteros.

 **¿Cuáles de estas figuras son cuadriláteros? ¿Por qué lo crees?**

Rectángulos y cuadrados

Palabras de matemáticas
• **rectángulo**
• **cuadrado**

Un rectángulo es un tipo especial de cuadrilátero. Los rectángulos tienen 4 lados y 4 ángulos rectos. Éstos son algunos rectángulos.

Un cuadrado es un tipo especial de rectángulo. Un cuadrado tiene 4 ángulos rectos y 4 lados iguales. Éstos son algunos cuadrados.

¿Qué tienen en común los cuadrados y los rectángulos?
¿Qué es especial en los cuadrados?
¿Puedes dibujar algunos cuadrados y rectángulos?

Figuras tridimensionales

Palabras de matemáticas
- **tridimensional**

Las figuras tridimensionales son objetos sólidos. Si son pequeñas, puedes agarrarlas y sostenerlas. Éstas son algunas figuras tridimensionales.

Cubo

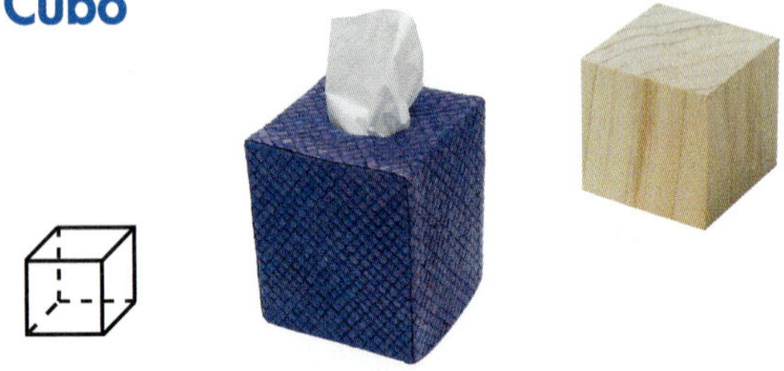

Prisma rectangular

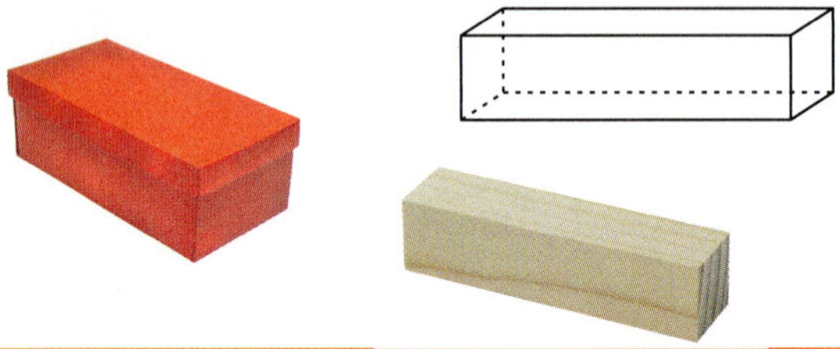

Prisma triangular

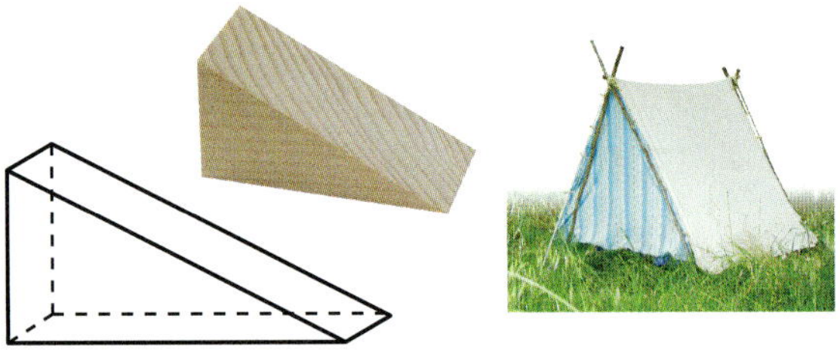

Pirámide triangular

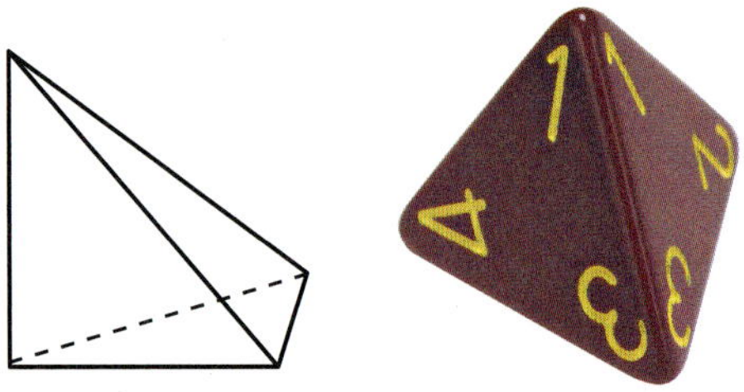

Pirámide cuadrangular

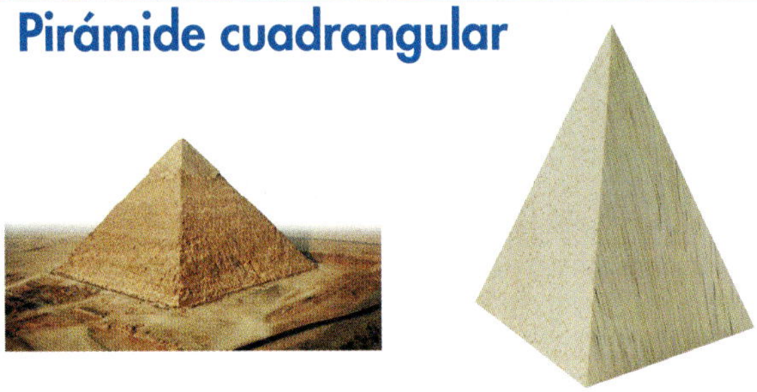

Cono

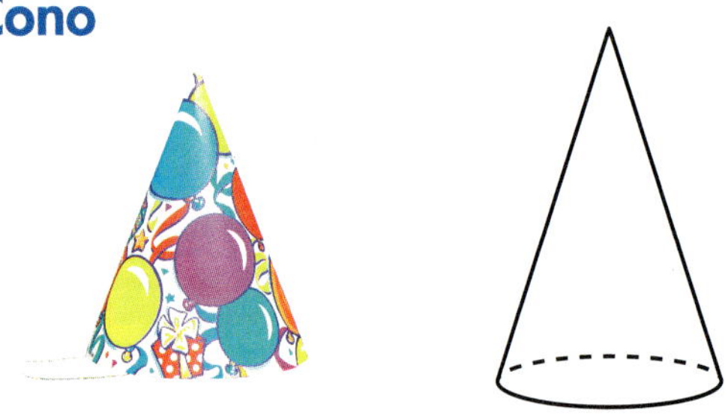

Cilindro

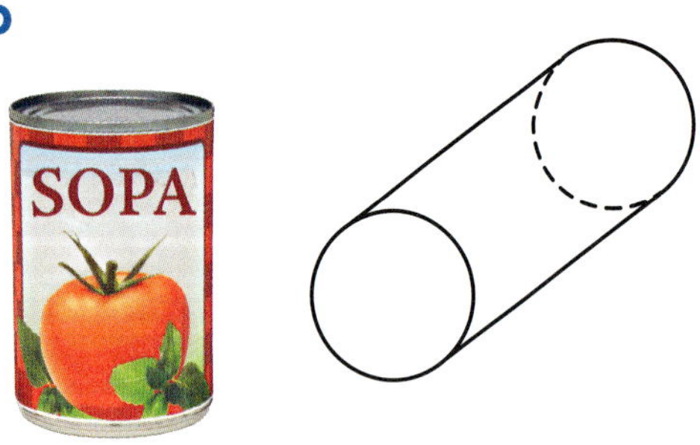

Esfera

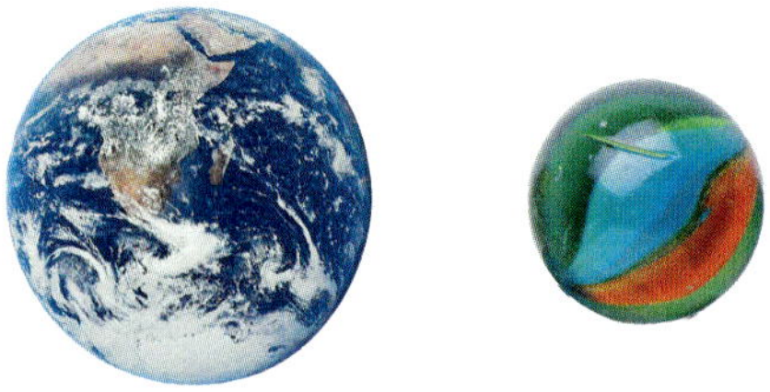

Mira a tu alrededor. ¿Qué figuras tridimensionales ves?

Dibujar figuras tridimensionales

Es difícil dibujar figuras tridimensionales en un papel.

Éstos son algunos ejemplos de cómo dibujar figuras tridimensionales.

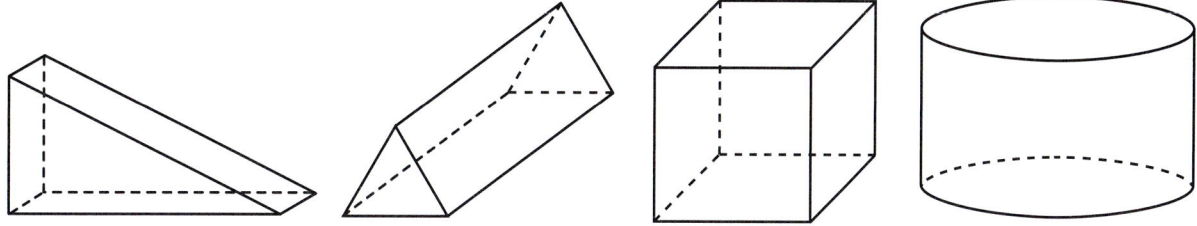

Éstos son algunos dibujos de figuras tridimensionales de estudiantes de segundo grado.

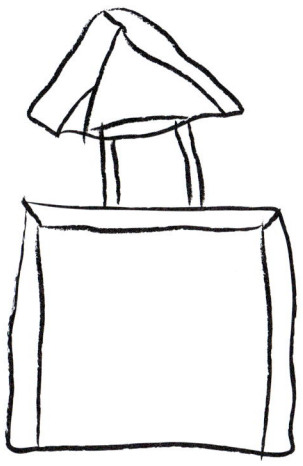

 **¿Cómo dibujarías una figura tridimensional?**

Describir figuras tridimensionales

(página 1 de 2)

Puedes describir una figura tridimensional por su apariencia.
Éstas son algunas maneras de describir figuras tridimensionales.

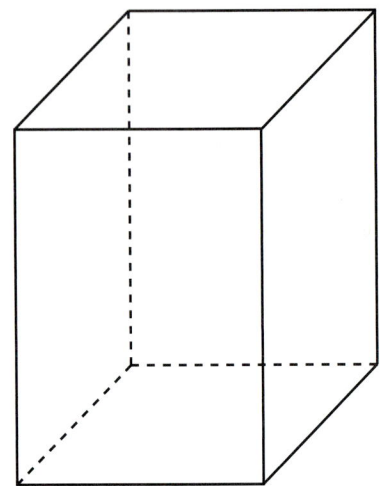

> Veo 2 lados que son rectángulos y uno que es un cuadrado.

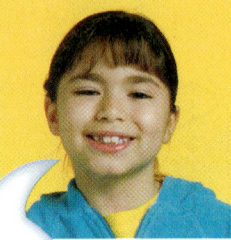

> Esta figura parece una caja.

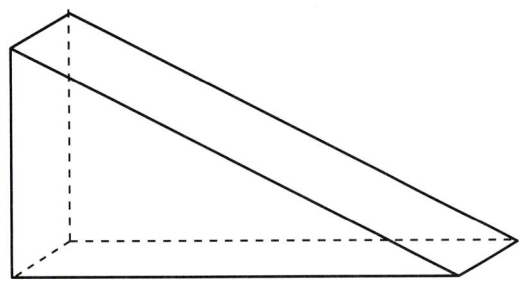

> Esta figura parece una rampa. Tiene 2 lados triangulares. La rampa es un rectángulo.

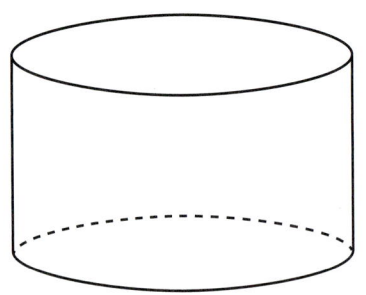

> Esta figura es redonda como una lata. Tiene un círculo en la parte de arriba y en la parte de abajo. Los lados son curvos.

¿Cómo describirías estas figuras?

Describir figuras tridimensionales

(página 2 de 2)

Palabras de matemáticas

• caras
• aristas
• vértices

Las figuras tridimensionales tienen caras, aristas y vértices o esquinas. Piensa en un cubo.

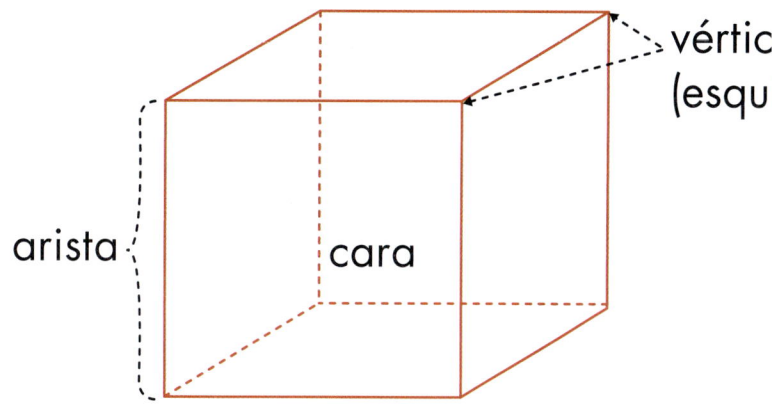

vértices (esquinas)

arista

cara

Una arista es la recta o el lado donde se encuentran 2 caras.

Un cubo tiene 12 aristas.

Una cara es una figura bidimensional en el lado de una figura tridimensional. En un cubo todas las caras son cuadrados.

Un cubo tiene 6 caras.

Un vértice es la punta o esquina donde se encuentran las aristas.

Un cubo tiene 8 vértices o esquinas.

Mira este prisma rectangular. ¿Cuántas caras ves? ¿Qué figura son las caras? ¿Cuántas aristas ves? ¿Cuántos vértices o esquinas?

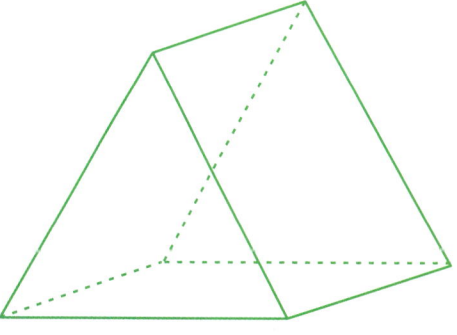

Matrices rectangulares

Palabras de matemáticas
- **matriz**
- **fila**
- **columna**

Las matrices rectangulares son ordenaciones de objetos que se encuentran en filas iguales y en columnas iguales. Éstas son algunas matrices que puedes ver en el mundo que te rodea.

El mismo número de objetos pueden formar diferentes matrices. Éstas son 16 naranjas ordenadas de diferentes maneras.

columna

fila

¿Cuántas filas hay en estas matrices? ¿Cuántas columnas? ¿Puedes hallar otra manera de ordenar 16 naranjas en una matriz?

Área de rectángulos

Palabras de matemáticas

• área

Una manera de medir y comparar el tamaño de diferentes rectángulos es ver cuántas fichas cuadradas se necesitan para cubrirlos. El número de fichas cuadradas que se usan para cubrir un rectángulo se llama el área.

Se necesitan 6 fichas cuadradas para cubrir este rectángulo. Tiene un área de 6 fichas cuadradas.

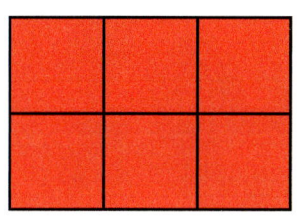

6 fichas cuadradas

Los rectángulos que se ven diferentes pueden tener la misma área. Por ejemplo, estos dos rectángulos tienen un área de 12 fichas cuadradas.

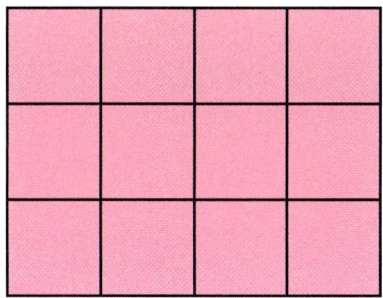

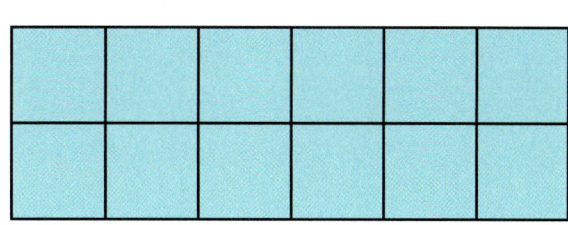

Este rectángulo tiene 3 filas y 4 columnas.

Este rectángulo tiene 2 filas y 6 columnas.

¿Cuál es el área de cada triángulo?
¿Cuál tiene el área más grande? ¿Y el área más pequeña?

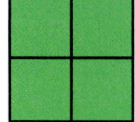  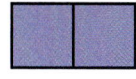 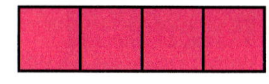

Rectángulos congruentes

Los rectángulos congruentes tienen la misma área y figura. No importa si se los gira en diferentes direcciones. Las figuras son congruentes si una cabe exactamente encima de la otra.

Estos rectángulos son congruentes.

¿Cuáles de estos rectángulos son congruentes?

Simetría

Palabras de matemáticas
• **simetría**

La simetría en el espejo o de reflexión ocurre cuando una mitad de una imagen u objeto es una reflexión de la otra. Un diseño tiene simetría si puedes imaginarte doblándolo por la mitad sobre el eje de reflexión y que los dos lados coincidan exactamente.

Algunas figuras o diseños tienen 1 eje de simetría.

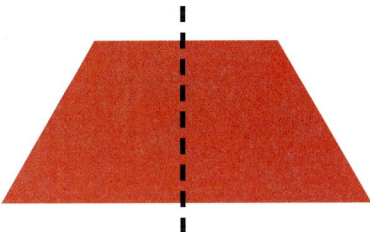

Algunas figuras o diseños tienen 2 ejes de simetría.

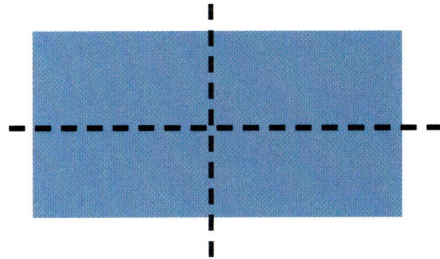

Algunas figuras o diseños tienen muchos ejes de simetría.

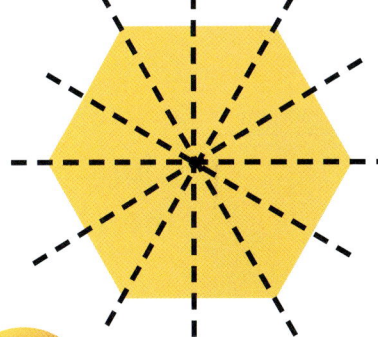 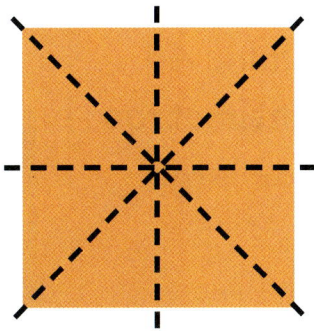

 **¿Puedes hallar un eje de simetría en las figuras de abajo? ¿Puedes hallar más de uno?**

Medición (página 1 de 2)

Hay muchos tipos de medición.
Éstas son algunas cosas que puedes medir.

Tiempo: cuánto se tarda en hacer algo

Puedo atarme los zapatos en 1 minuto.

Peso: cuánto pesa algo

El bebé pesa 7 libras.

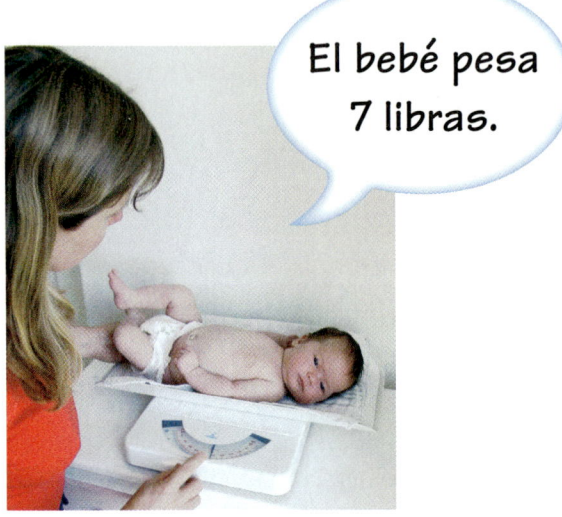

Longitud: cuánto mide algo

Mi perro mide 44 centímetros de largo.

Capacidad: cuánto puede caber en algo

En este termo caben 2 tazas de jugo de manzana.

Medición (página 2 de 2)

Perímetro: cuál es la distancia alrededor de algo

El perímetro del terreno de mi jardín es de 6 pies.

Área: cuántas unidades cuadradas se necesitan para cubrir una superficie

El área del piso es de 12 baldosas cuadradas.

Temperatura: qué tan caliente o frío está algo

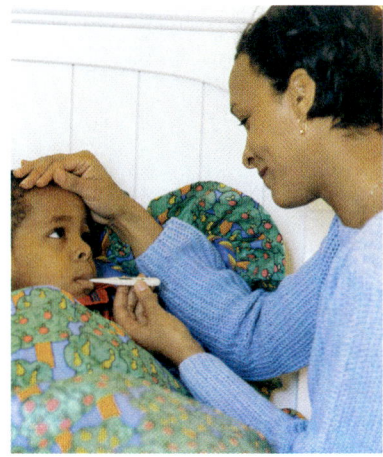

Tu temperatura es de 99.7°.

¿Qué mides?

Medir el tiempo (página 1 de 2)

El tiempo se mide en segundos, minutos, horas y días.

¿Cuánto dura 1 segundo?

Se tarda casi 1 segundo en decir "1 Mississippi".

¿Cuánto dura 1 minuto?

En 1 minuto hay 60 segundos.

Se tarda casi 1 minuto en atarse los zapatos.

¿Cuánto dura 1 hora?

En 1 hora hay 60 minutos.

Se tarda casi 1 hora en cocinar papas.

Medir el tiempo (página 2 de 2)

¿Cuánto dura 1 día?

En 1 día hay 24 horas.

Desde que te levantas a la mañana de un día hasta que te levantes a la mañana siguiente pasa 1 día.

¿Cuánto dura 1 semana?

Hay 7 días en 1 semana.

Hay 5 días escolares y 2 días de fin de semana en 1 semana.

¿Cuánto dura 1 año?

En 1 año hay 365 días ó 52 semanas.

Desde tu séptimo cumpleaños hasta tu octavo cumpleaños pasa un año.

¿En qué tardas 1 segundo? ¿Y 1 minuto? ¿Y 1 hora?

Instrumentos para medir el tiempo

Éstos son algunos instrumentos para medir y para llevar la cuenta del tiempo:

Reloj analógico

Un reloj analógico puede tener tres manecillas para mostrar la hora, los minutos y los segundos.

Reloj digital

Un reloj digital muestra el tiempo en horas y minutos.

Cronómetro

Un cronómetro puede medir el tiempo que se tarda en hacer algo.

Temporizador

Un temporizador puede configurarse para que suene luego de que pase una determinada cantidad de tiempo.

Calendarios

martes

12 de septiembre

Los calendarios organizan el tiempo en días, meses y años.

¿Qué relojes y calendarios usas?

Relojes

Un reloj es un instrumento para llevar la cuenta del tiempo. Éstos son dos tipos de relojes.

Éste es un reloj analógico.

Tiene dos manecillas. Una es más grande o más larga que la otra.

La manecilla grande indica cuántos minutos han pasado.

La manecilla pequeña indica qué hora es.

Este reloj muestra las 2 en punto (2:00).

Éste es un reloj digital.

El número a la izquierda indica qué hora es.

El número a la derecha indica cuántos minutos han pasado.

Este reloj muestra las doce y treinta minutos (12:30) o las 12 y media.

¿Qué tipos de relojes tienes en casa?

Los minutos en una hora

Palabras de matemáticas

• **minutero**

En un reloj, la manecilla grande mueve los minutos.
También se la llama minutero.

En una hora hay 60 minutos.

UNA HORA
60 minutos

55 minutos

5 minutos

50 minutos

10 minutos

45 minutos

15 minutos

40 minutos

20 minutos

35 minutos

25 minutos

30 minutos
MEDIA HORA

Las partes de una hora

(página 1 de 2)

Palabras de matemáticas

• media hora

En una hora hay 60 minutos.
De las 2:00 a las 3:00 hay una hora ó 60 minutos.

2:00 2 en punto	...a...			3:00 3 en punto
(reloj 2:00)	(reloj)	(reloj)	(reloj)	(reloj 3:00)

¿Dónde está el minutero a las 2:00?
¿Donde está el minutero una hora más tarde, a las 3:00?
¿Dónde está la manecilla de la hora a las 2:00?
¿Dónde está a las 3:00?

En una media hora hay 30 minutos.
En una hora hay 2 medias horas.
De las 2:00 a las 2:30 hay una media hora ó 30 minutos.

2:00 2 en punto	...a...	2:30 dos y treinta minutos dos y media
(reloj 2:00)	(reloj)	(reloj 2:30)

¿Dónde está el minutero a las 2:00? ¿Y a las 2:30?
¿Dónde está la manecilla de la hora a las 2:00?
¿Y a las 2:30?

Las partes de una hora

(página 2 de 2)

Palabras de matemáticas

• **cuarto de hora**

En un cuarto de hora hay 15 minutos.
En una hora hay 4 cuartos de hora.
De las 2:00 a las 2:15 hay un cuarto de hora ó 15 minutos.

2:00 2 en punto	…a…	2:15 las dos y quince	
			También se dice, "Son las 2 y cuarto".

De las 2:15 a las 2:30 hay un cuarto de hora ó 15 minutos.

2:15 las dos y quince	…a…	2:30 las dos y treinta	
			También se dice, "Son las 2 y media".

De las 2:30 a las 2:45 hay un cuarto de hora ó 15 minutos.

2:30 las dos y treinta	…a…	2:45 las dos y cuarenta y cinco	
			También se dice, "Son las 3 menos cuarto" y "Es cuarto para las tres".

¿Dónde está el minutero a las 2:15?
¿Dónde está un cuarto de hora más tarde, a las 2:30?
¿Dónde está después de otros 15 minutos?

Decir la hora hasta la media hora

En una hora hay 60 minutos.
Puedes separar 60 minutos en 2 secciones de 30 minutos.
En una media hora hay 30 minutos.

Son las 2 en punto. 	En media hora, serán las 2:30. 
Son las 7:00. 	En media hora, serán las 7:30. 
Son las 9:30. 	En media hora, serán las 10 en punto. 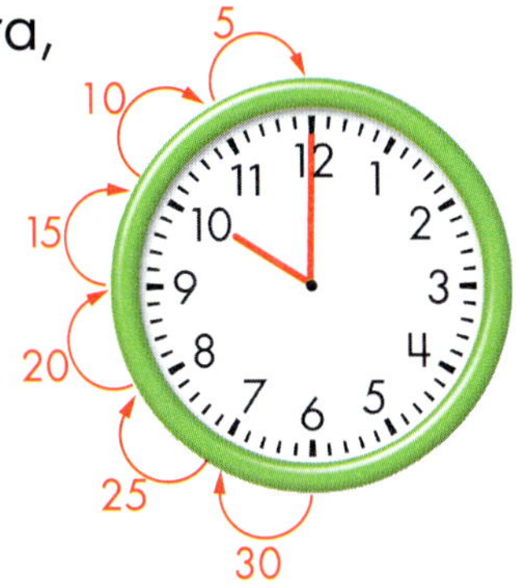

**Son las 11:30.
¿Qué hora será
en media hora?**

Decir la hora hasta el cuarto de hora

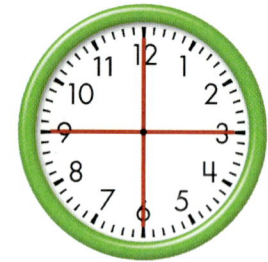

En una hora hay 60 minutos.

Puedes separar 60 minutos en 4 secciones de 15 minutos.

15 minutos es un cuarto de hora.

Este reloj muestra la una en punto (1:00). 	En un cuarto de hora, será la 1:15 ó la una y 15 minutos. 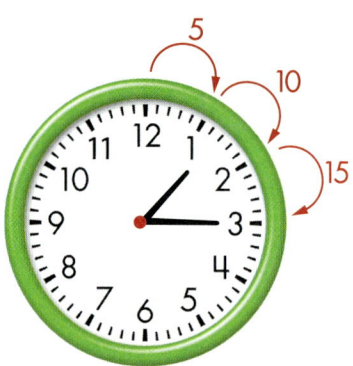 También se dice "Es la 1 y cuarto".
En otro cuarto de hora, será la 1:30 ó la una y treinta minutos.  También se dice "Es la 1 y media".	En otro cuarto de hora, será la 1:45 ó la una y 45 minutos.  También se dice "Son las 2 menos cuarto", o "Son las dos menos quince" o "Es cuarto para las 2".

¿Qué hora será?

Son las 2 en punto.

En 15 minutos, serán las 2:15.

Son las 7:00.

En 30 minutos, serán las 7:30.

Son las 9:00.

En 45 minutos, serán las 9:45.

Son las 10:45.
¿Qué hora será
en 15 minutos?

A.M. y P.M.

En un día hay 24 horas. 12 horas son horas A.M. y 12 horas son horas P.M.

Las horas entre la medianoche y el mediodía son horas A.M.

Medianoche 12:00 A.M.	7:00 A.M.	10:00 A.M.

Las horas entre el mediodía y la medianoche son horas P.M.

Mediodía 12:00 P.M.	7:00 P.M.	10:00 P.M.

¿Qué sueles hacer a las 8:00 A.M.? ¿Y a las 8:00 P.M.?

Líneas cronológicas

Las líneas cronológicas son otra manera de representar el tiempo.
Diferentes líneas cronológicas pueden usar diferentes unidades de tiempo.

Esta línea cronológica muestra las horas y las medias horas.

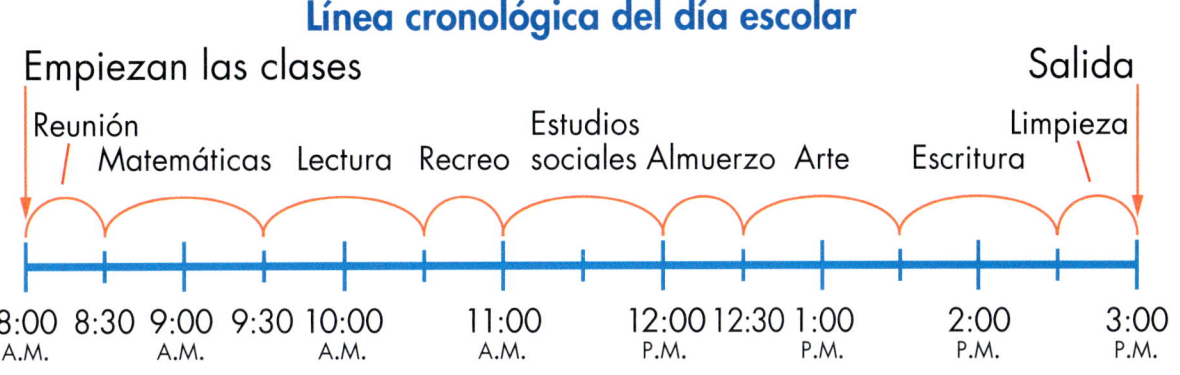

Línea cronológica del día escolar

Esta línea cronológica muestra los años.

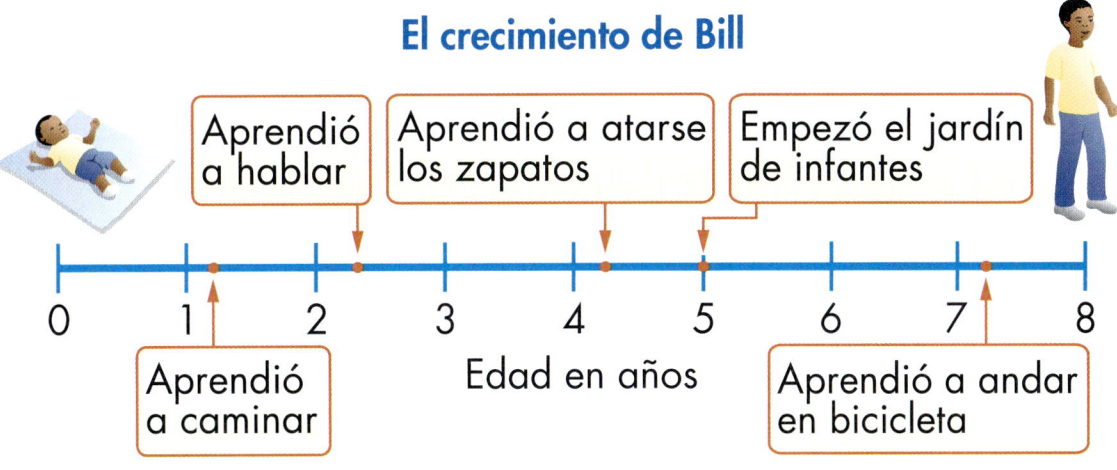

El crecimiento de Bill

Éste es otro ejemplo de una línea cronológica:

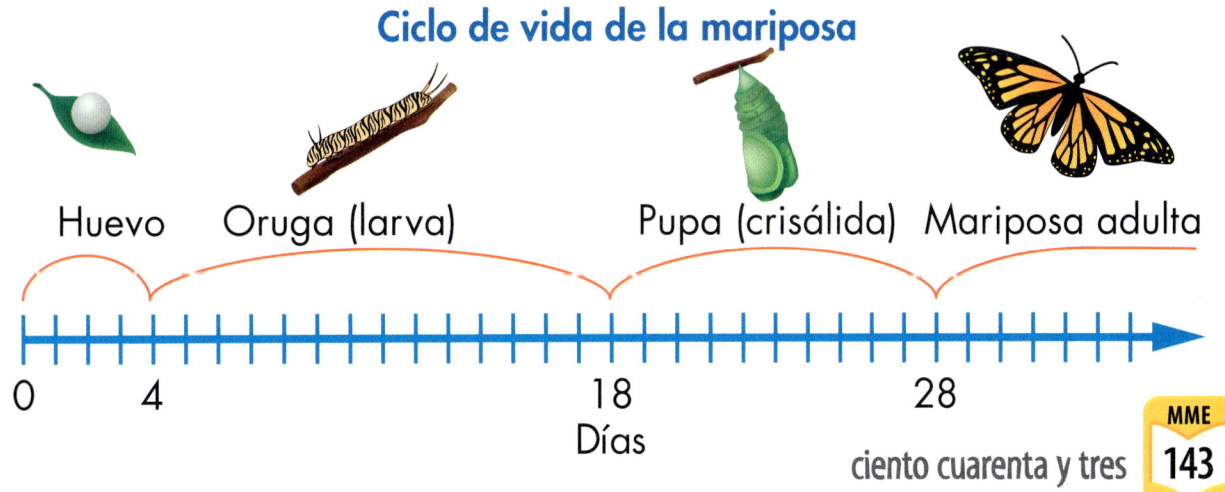

Ciclo de vida de la mariposa

Representar el tiempo

Los programas y las líneas cronológicas representan el tiempo.

Éste es mi horario de un día escolar.

Horario del martes

Reunión de mañana 8:00 A.M. – 9:00 A.M.
Matemáticas 9:00 A.M. – 10:00 A.M.
Escritura 10:00 A.M. – 11:00 A.M.
Lectura 11:00 A.M. – 12:00 P.M.
Almuerzo/Recreo 12:00 P.M. – 1:00 P.M.
Ciencias 1:00 P.M. – 2:00 P.M.
Limpieza 2:00 P.M. – 2:30 P.M.

Este mismo día también puede mostrarse sobre una línea cronológica:

Horario del martes

Empiezan las clases — Salida

Reunión de la mañana | Matemáticas | Escritura | Lectura | Almuerzo/Recreo | Limpieza / Ciencias

8:00 A.M. — 9:00 A.M. — 10:00 A.M. — 11:00 A.M. — 12:00 P.M. — 1:00 P.M. — 2:00 P.M. — 2:30 P.M. — 3:00 P.M.

¿A qué hora empieza el día escolar? ¿A qué hora termina?
¿Cuánto dura este día escolar?

Duración

La duración es la cantidad de tiempo que dura un suceso desde el principio hasta el final. Mirar líneas cronológicas y horarios puede ayudarnos a pensar en la duración.

Clase de matemáticas

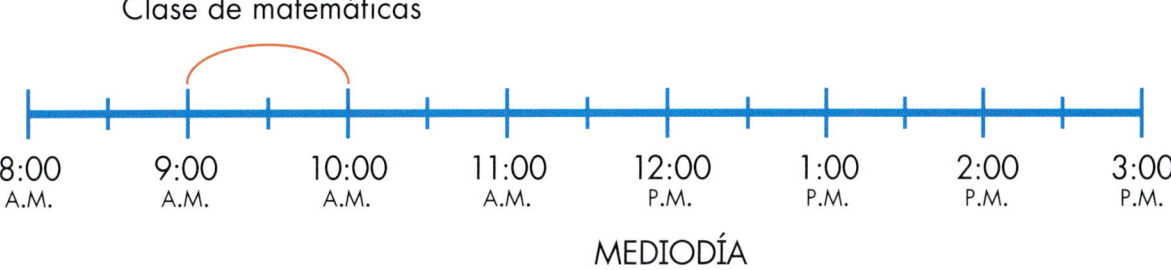

8:00 A.M.   9:00 A.M.   10:00 A.M.   11:00 A.M.   12:00 P.M.   1:00 P.M.   2:00 P.M.   3:00 P.M.

MEDIODÍA

 **Si la clase de matemáticas empieza a las 9:00 A.M. y termina a las 10:00 A.M., ¿cuánto dura la clase de matemáticas?**

Si sabes la hora a la que empieza una actividad y su duración, puedes calcular la hora a la que termina.

Programa extracurricular

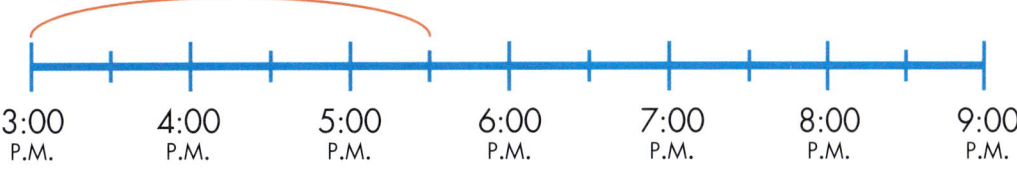

3:00 P.M.   4:00 P.M.   5:00 P.M.   6:00 P.M.   7:00 P.M.   8:00 P.M.   9:00 P.M.

 **Un programa extracurricular empieza a las 3:00 y dura $2\frac{1}{2}$ horas. ¿Cuándo termina el programa?**

Si sabes la duración y la hora a la que termina, puedes calcular la hora a la que empieza.

 **Sally cena durante media hora. Termina su cena a las 7:00 P.M. ¿A qué hora empezó a cenar?**

Medir la longitud

Cuando mides la longitud mides la distancia desde un punto hasta otro. Puedes medir:

Palabras de matemáticas
- **longitud**
- **distancia**
- **altura**
- **ancho**

La distancia

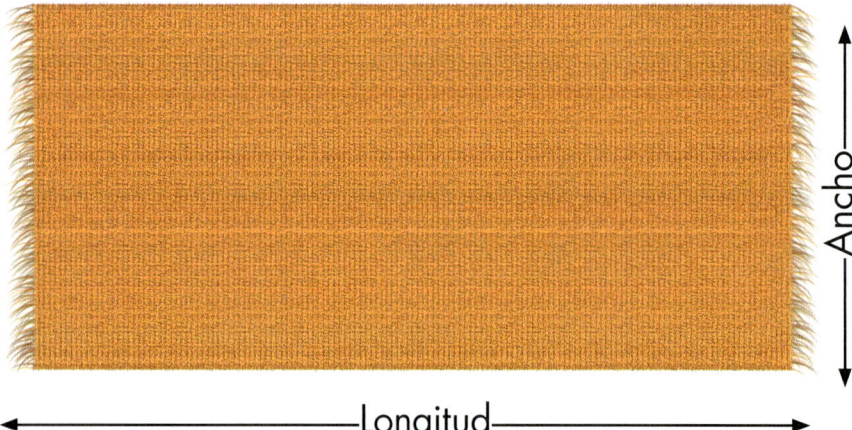

Ésta es la distancia que he saltado.

Tu altura es de 42 pulgadas.

La altura

La longitud o el ancho

Ancho

Longitud

¿Qué longitudes has medido?

Medir con unidades

Palabras de matemáticas

• **unidad**

Puedes usar cubos para medir la longitud. Por ejemplo:

Carla puede alinear varios cubos a lo largo del borde del libro y contar el total para medir la longitud.

También puede usar un cubo y repetirlo y contar mientras avanza.

Este libro mide 11 cubos de largo.

Este libro mide 11 cubos de largo.

Carla usa un cubo como una unidad. Una unidad es una longitud fija.

Si mides con cubos, la unidad es la longitud de un lado del cubo.

longitud de 1 unidad de cubo

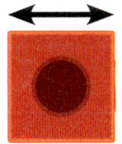

Para medir exactamente, todas las unidades deben ser del mismo tamaño.

No puedes medir una longitud con estos lápices porque los lápices no son del mismo tamaño.

La cuenta es diferente porque los lápices son todos de diferentes tamaños.

Medir exactamente

Puedes usar unidades para medir la longitud de un objeto.

Longitud de 3 clips

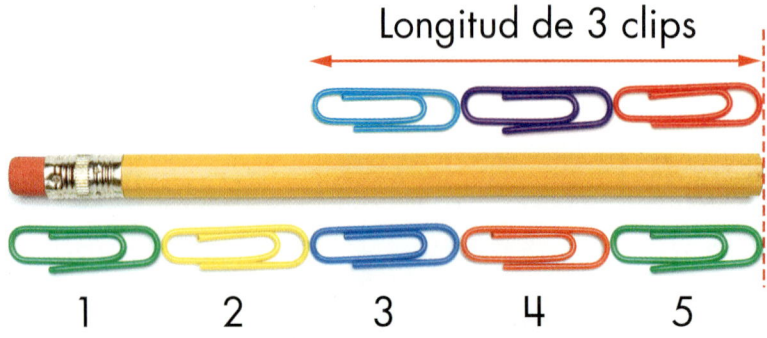

1   2   3   4   5

Travis usó clips para medir este lápiz. Dijo que medía
5 clips de largo.

Nate dijo que medía
11 clips de largo.
¿Qué sucedió?

"Los clips no están alineados en línea recta".

Rochelle dijo que
medía 4 clips de largo.
¿Qué sucedió?

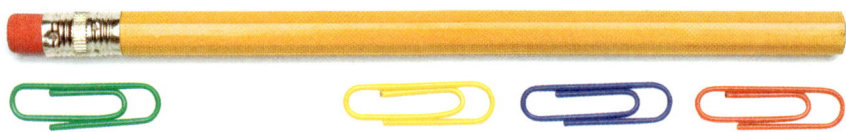

"Ella dejó espacios entre los clips".

Anita dijo que medía
9 clips de largo.
¿Qué sucedió?

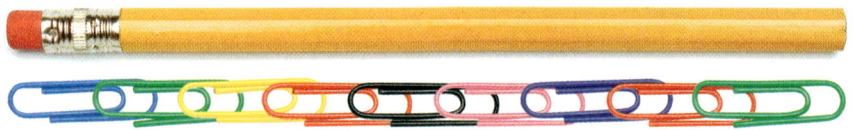

"Los clips se superponían. Deberían estar alineados de punta a punta".

Medias unidades

Este lápiz mide 16 unidades de cubo de largo.

Si una medida termina en la mitad de una unidad, cuentas media unidad al final.

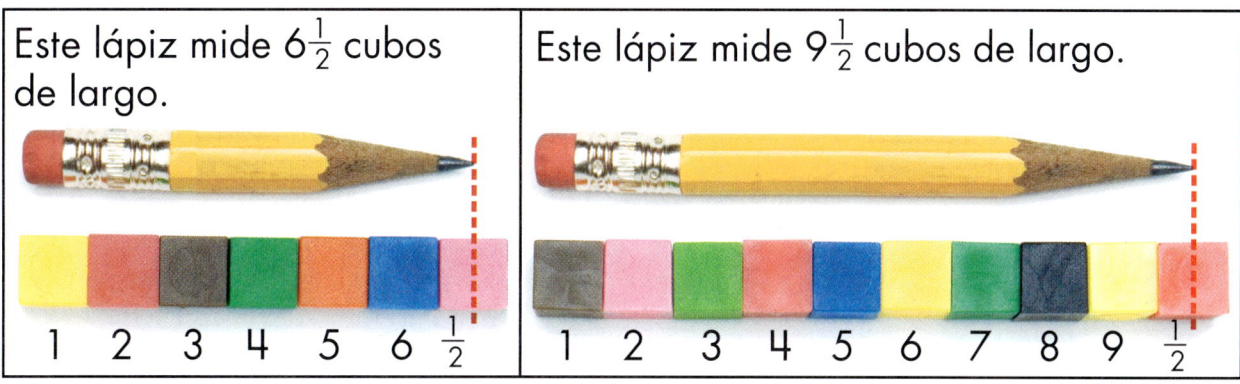

Este lápiz mide $6\frac{1}{2}$ cubos de largo.

Este lápiz mide $9\frac{1}{2}$ cubos de largo.

¿Cuál es el largo de estos lápices?

Medir con unidades de diferentes longitudes (página 1 de 2)

■ una unidad de cubo   📎 una unidad de clip

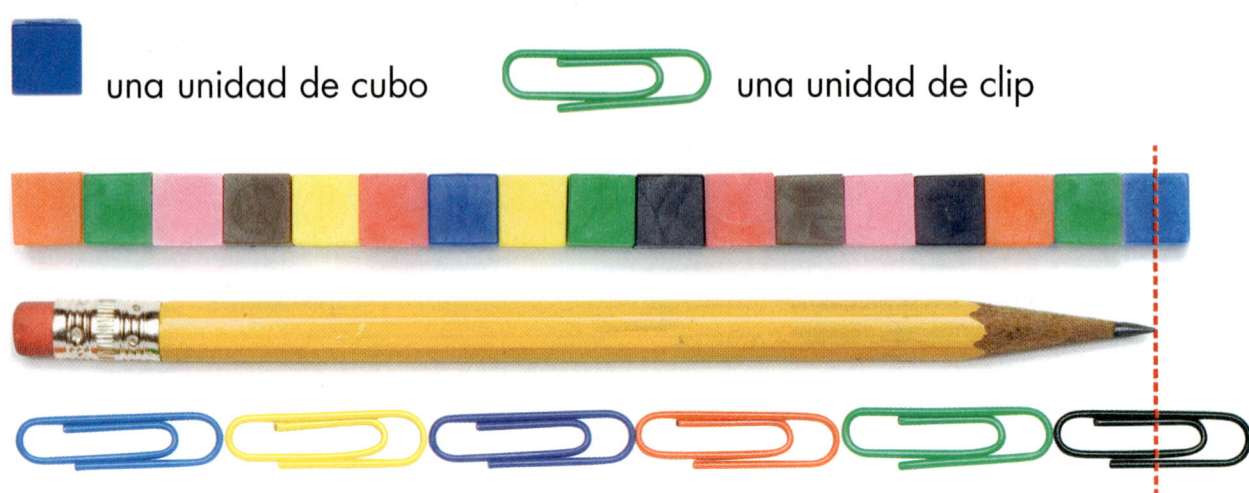

El lápiz mide $16\frac{1}{2}$ cubos de largo.
El lápiz mide $5\frac{1}{2}$ clips de largo.

Cuando mides, el número total de unidades varía con el tamaño de la unidad. Una unidad más grande se repite menos veces. Una unidad pequeña se repite más veces. En otras palabras:

- Cuanto más grande sea la unidad, más pequeña será la cuenta.
- Cuanto más pequeña sea la unidad, más grande será la cuenta.

El mismo número de unidades de diferentes tamaños da diferentes longitudes.
4 cubos miden una longitud más corta que 4 clips.

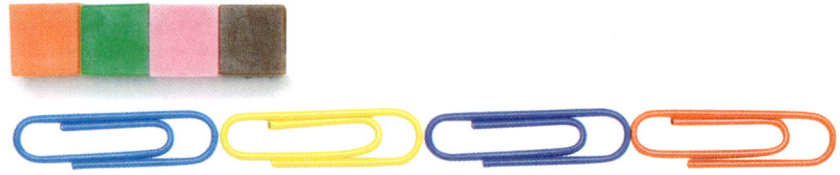

¿Puedes explicar por qué?

Medir con unidades de diferentes longitudes (página 2 de 2)

Si sabes la relación entre las unidades, puedes usar una medida para averiguar la otra.

Por ejemplo, 1 clip tiene la misma longitud que 3 cubos.

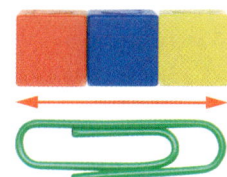

Entonces para lo que quieras medir, hay tres veces la cantidad de cubos que de clips. Hay un tercio el número de clips que de cubos.

Este lápiz mide 9 cubos ó 3 clips de largo.

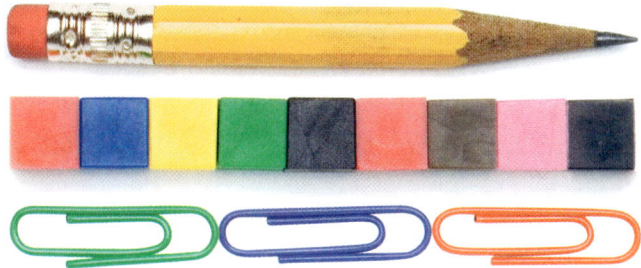

Este lápiz mide 15 cubos ó 5 clips de largo.

 **¿Cuántos cubos tienen la misma longitud que 6 clips?**
¿Cuántos clips tienen la misma longitud que 20 cubos?

Usar una unidad común

Cuando la gente necesita ponerse de acuerdo sobre longitudes y medidas, es importante que usen una unidad común de medida.

Imagina lo que sucedería si todos midiésemos con unidades de diferentes longitudes:

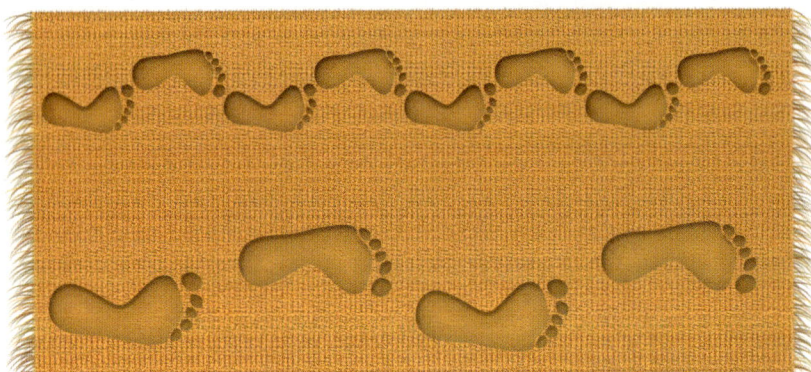

La alfombra mide 8 pies de largo.

La alfombra mide 4 pies de largo.

 **¿Por qué obtuvieron diferentes medidas?**

Cuando la gente mide con unidades comunes pueden comunicar exactamente las mismas medidas y pueden comparar los resultados.

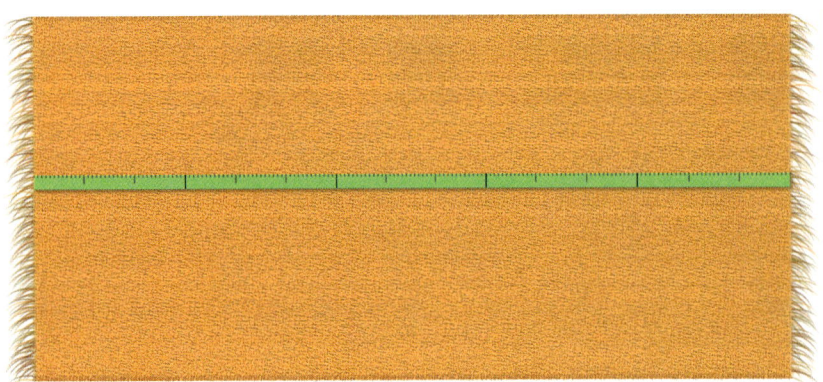

La alfombra mide 5 pies de largo.

Medidas convencionales

Palabras de matemáticas
- **pulgada**
- **pie**
- **yarda**

La gente en los Estados Unidos usa pulgadas, pies y yardas para medir casi todas las distancias. Sólo dos países más en todo el mundo usan pulgadas, pies y yardas. Éstas son algunas cosas que tienen *casi* la misma longitud que esas medidas.

- **1 pulgada**
  cabeza del cepillo de dientes
  gusano de una pulgada
  parte de arriba del pulgar
    hasta el nudillo
  clip

- **1 pie (12 pulgadas)**
  una botella
  regla
  pala
  patín para patinaje
    sobre hielo

- **1 yarda (36 pulgadas ó 3 pies)**
  bate de béisbol
  niño de 2 años
  regla de una yarda

¿Puedes encontrar algo que tenga casi la misma longitud que una pulgada, un pie o una yarda?

Sistema métrico

La gente de casi todos los otros países del mundo tiene un sistema diferente de medición. Se llama Sistema métrico y usa centímetros y metros.

Un centímetro es más pequeño que una pulgada. Se necesitan casi $2\frac{1}{2}$ centímetros para formar una pulgada.

Un metro es 100 centímetros. Es un poco más largo que una yarda. Una regla de 1 metro es útil para medir objetos más largos o distancias más largas. Éstas son algunas cosas que tienen casi la misma longitud que esas medidas.

> **Palabras de matemáticas**
> - **Sistema métrico**
> - **centímetro**
> - **metro**

- **1 centímetro**
  grano de maíz
  frijol blanco
  parte de arriba de
    una goma de lápiz
  mariquita

- **1 metro (100 centímetros)**
  altura de la manija de
    una puerta desde
    el piso
  ventana
  palo de escoba
  regla de 1 metro

Encuentra algo que tenga casi la misma longitud de un centímetro o un metro. ¿Qué encontraste?

Instrumentos de medición: reglas

Una regla es un instrumento para medir la longitud.

Esta regla mide pulgadas.

Esta regla mide centímetros.

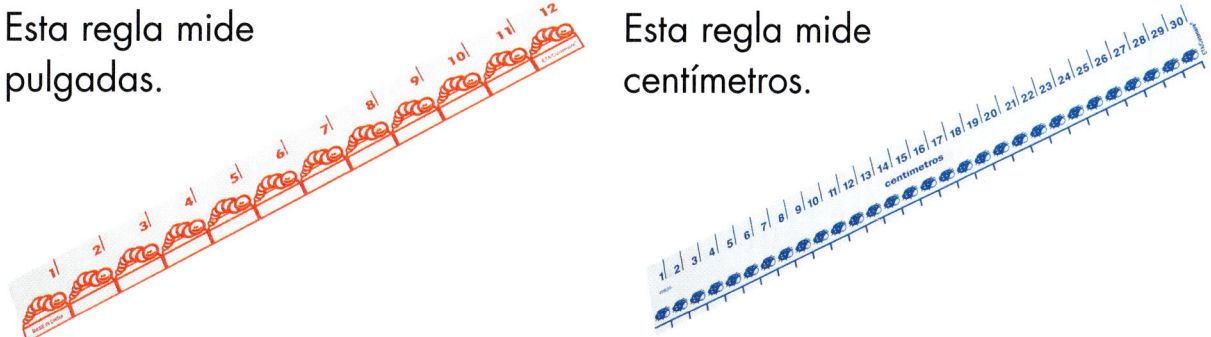

Una regla mide 12 pulgadas (o 1 pie) de largo. Mide casi $30\frac{1}{2}$ centímetros de largo.

Esta regla muestra pulgadas y centímetros.

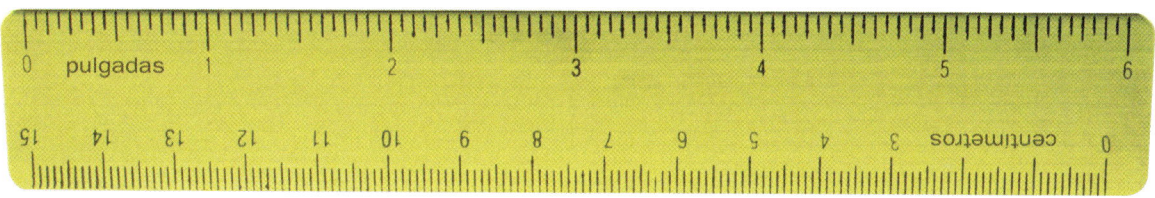

Así es cómo se usa una regla.
Este lápiz empieza en 0 y termina en 4. Mide 4 pulgadas de largo.

Este lápiz empieza en 0 y termina entre 5 y 6. Mide $5\frac{1}{2}$ pulgadas de largo.

Usar reglas

Se puede usar una regla para medir más de 12 pulgadas ó 1 pie. Empieza al principio y marca dónde termina la regla. Luego vuelve a colocar la regla de manera que empiece en tu marca.

Holly usa una regla para medir su salto.

Holly saltó 3 pies.

Darren usa una regla para medir su salto.

Salté $2\frac{1}{2}$ pies.

¿Qué distancia puedes saltar?

Otros instrumentos de medición

Éstos son otros instrumentos de medición.

Cinta de medir

Mides 42 pulgadas de alto. ¡Eso es también $3\frac{1}{2}$ pies!

Regla de 1 yarda

Hay 4 yardas desde la mesa hasta la puerta.

Regla de 1 metro

Casi todas las manijas de las puertas en la escuela miden 1 metro de alto.

Odómetro

Un odómetro mide cuántas millas ha recorrido un auto.

¿Qué otros instrumentos de medición has visto?

Tabla de juegos

Ganarle a la calculadora

Necesitas

- calculadora

- baraja de tarjetas de *Ganarle a la calculadora*

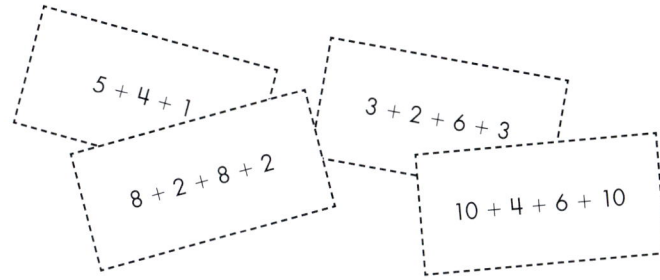

$5 + 4 + 1$

$3 + 2 + 6 + 3$

$8 + 2 + 8 + 2$

$10 + 4 + 6 + 10$

Juega en pareja.

1. Den vuelta la tarjeta de arriba de la baraja.

2. El jugador 1 resuelve el problema en la calculadora y anota la respuesta.

   El jugador 2 resuelve el problema mentalmente y anota la respuesta.

3. Los jugadores comparan las respuestas.

4. Sigan dando vuelta la tarjeta de arriba de la baraja. Túrnense para usar la calculadora y resolver el problema de la tarjeta.

Cerca de 20

Necesitas

- baraja de tarjetas de números básicos (sin comodines)

- hoja de anotaciones

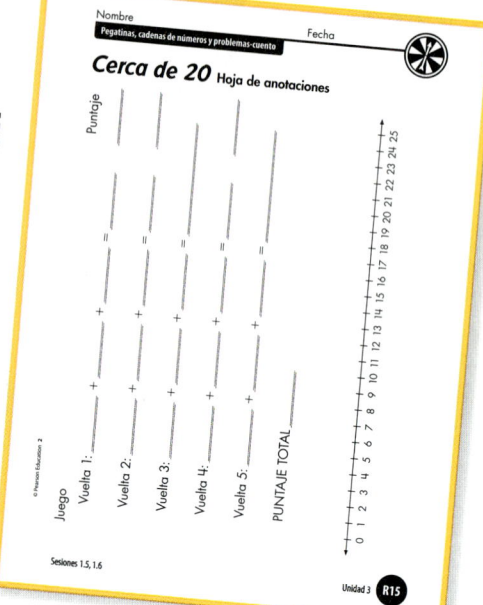

Juega en pareja.

1. Repartan 5 tarjetas a cada jugador.

2. Túrnense. En cada turno:
   - Elije 3 tarjetas para formar un total lo más cerca de 20 posible.
   - Anota el total de las 3 tarjetas y tu puntaje.
     Tu puntaje es la diferencia entre tus totales y 20.
   - Toma esa cantidad de cubos.
   - Coloca esas tarjetas a un lado y toma 3 tarjetas nuevas.

3. Después de que cada jugador haya tenido 5 turnos, hagan el total de sus puntajes.

4. Cuenten los cubos. Deberán tener el mismo número de cubos que sus puntajes totales.

5. El jugador que tiene el menor puntaje total es el ganador.

Otras formas de jugar

- Jugar con comodines. El comodín puede ser cualquier número.

Reunir 25¢

Necesitas

- dado  o cubo numérico

- monedas

Juega en pareja.

1 El jugador 1 lanza el cubo y toma la cantidad de monedas que salga.

2 El jugador 2 lanza el cubo y toma la cantidad de monedas que salga.

3 Sigan turnándose. Pueden intercambiarse las monedas. Al final de cada turno, calculen cuánto dinero tienen.

4 El juego termina cuando cada jugador haya reunido por lo menos 25¢.

Otras formas de jugar

- Al final del partido, tratar de hacer intercambios para tener la menor cantidad de monedas posible
- Tratar de reunir *exactamente* 25¢

Reunir 50¢

Necesitas

- dos dados o cubos numéricos

- monedas

Juega en pareja.

1 El jugador 1 lanza los cubos y toma la cantidad de monedas que salga.

2 El jugador 2 lanza los cubos y toma la cantidad de monedas que salga.

3 Sigan turnándose. Pueden intercambiarse las monedas. Al final de cada turno, calculen cuánto dinero tienen.

4 El juego termina cuando cada jugador haya reunido por lo menos 50¢.

Otras formas de jugar

- Al final del partido, tratar de hacer intercambios para tener la menor cantidad de monedas posible
- Tratar de reunir *exactamente* 50¢

Reunir $1.00

Necesitas

- dos dados   o cubos numéricos

- dinero

- hoja de anotaciones por jugador

Juega en pareja.

1. El jugador 1 lanza los cubos, toma la cantidad de monedas que salga y anota la cantidad.

2. El jugador 2 lanza los cubos, toma la cantidad de monedas que salga y anota la cantidad.

3. Sigan turnándose. Pueden intercambiarse las monedas. Al final de cada turno, calculen cuánto dinero tienen.

4. El juego termina cuando cada jugador haya reunido por lo menos $1.00.

Otras formas de jugar

- Al final de cada turno, tratar de hacer intercambios para tener la menor cantidad de monedas posible
- Tratar de reunir *exactamente* $1.00
- Jugar con un cubo múltiplo dc 5
- Jugar a *Reunir $2.00*

Cubrir

Necesitas

- 45 fichas
- hoja de anotaciones por jugador

Juega en pareja.

1. Decidan con cuántas fichas van a jugar. Ambos jugadores escriben este número en la hoja de anotaciones.

2. Cuenten esa cantidad de fichas.

3. El jugador 1 esconde algunas de las fichas debajo de una hoja de papel.

4. El jugador 2 dice cuántas fichas están escondidas.

5. El jugador 1 saca el papel.

6. Los dos jugadores cuentan cuántas fichas se escondieron y anotan ese número.

7. Sigan jugando con el mismo número de fichas. Túrnense para ser el jugador 1 y el jugador 2.

8. El juego termina cuando la hoja de anotaciones esté completa.

Otras formas de jugar

- Jugar con pegatinas
- Durante el paso 3, el jugador 1 *agrega* algunas fichas en lugar de esconderlas. El jugador 2 calcula cuántas fichas agregó el jugador 1.

Llegar a 100

Necesitas

- dos cubos múltiplos de 5

- tabla de 100

- fichas de juego

- hoja de anotaciones por jugador

Juega en pareja.

1 El jugador 1 lanza dos cubos múltiplos de 5 y suma los resultados.

2 El jugador 1 mueve una ficha de juego por esa cantidad de espacios en la tabla de 100.

3 El jugador 1 anota.

4 El jugador 2 tiene un turno y sigue los pasos 1 a 3.

5 Sigan turnándose. En cada turno, sigan los pasos 1 a 3.

6 El juego termina cuando las dos fichas de juego llegan al 100.

7 Sumen los números en sus hojas de anotaciones para asegurarse de que sumen 100.

Otras formas de jugar

- Jugar sobre una recta numérica
- Jugar a *Llegar a 200*. Usar dos tablas de 100
- Jugar a *Llegar a 0*. Los dos jugadores empiezan en 100 y mueven hacia atrás el número de espacios que salga.

Adivina mi número en la tabla de 100

Necesitas

1	2	3	4	5	6	7	8	9	10
11	12	13	14	15	16	17	18	19	20
21	22	23	24	25	26	27	28	29	30
31	32	33	34	35	36	37	38	39	40
41	42	43	44	45	46	47	48	49	50
51	52	53	54	55	56	57	58	59	60
61	62	63	64	65	66	67	68	69	70
71	72	73	74	75	76	77	78	79	80
81	82	83	84	85	86	87	88	89	90
91	92	93	94	95	96	97	98	99	100

• tabla de 100

Juega en pareja.

1. El jugador 1 anota en secreto un número entre el 1 y el 100.

2. El jugador 2 hace una pregunta de repuesta sí o no sobre el número.

3. El jugador 1 dice sí o no. El jugador 2 lleva la cuenta en la tabla de 100.

4. El jugador 2 le sigue haciendo al jugador 1 preguntas de respuesta sí o no.

5. Lleven la cuenta del número de preguntas que se necesitan para adivinar el número del jugador 1. Traten de adivinarlo con la menor cantidad de preguntas posible.

6. Túrnense para ser el jugador 1 y el jugador 2.

Otras formas de jugar

• Jugar con un pequeño grupo
• Jugar sobre una recta numérica. Usar pinzas para acortar el rango de números posibles

Formar 10

Necesitas

- baraja de tarjetas de números básicos (sin comodines)

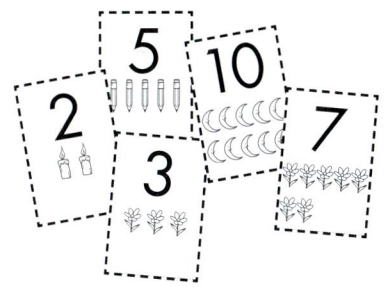

Juega en pareja.

1 Repartan 4 filas de 5 tarjetas, de manera que se vean los números.

2 El jugador 1 busca 2 tarjetas que formen 10. El jugador 1 toma las tarjetas y anota la combinación de 10.

3 Reemplacen las tarjetas que faltan con 2 tarjetas de la baraja.

4 El jugador 2 busca 2 tarjetas que formen 10. El jugador 2 toma las tarjetas y anota la combinación de 10.

5 Reemplacen las tarjetas que faltan.

6 Sigan turnándose para buscar 2 tarjetas que formen 10 y anoten las combinaciones.

7 El juego termina cuando no haya más tarjetas en la baraja o cuando no haya más tarjetas que formen 10.

Otras formas de jugar

- Jugar con comodines. Un comodín puede ser cualquier número.
- Reemplazar las tarjetas que faltan *únicamente* cuando no haya más pares que formen 10
- Jugar a *Más de dos para formar 10*. Usar más de 2 tarjetas que formen 10

BINGO: Más 1 ó 2

Necesitas

- baraja de tarjetas de números básicos (sin comodines)

- dos tipos de fichas (20 por jugador)

- tablero

Nombre _____ Fecha _____
Contar, monedas y combinaciones

BINGO: Más 1 ó 2 Tablero

9	10	11	4	6	5
7	6	3	5	4	8
3	8	2	9	1	4
8	6	4	6	10	9
9	10	7	12	5	7
3	8	5	8	7	11

R20 Unidad 1

Sesiones 2.6, 2.7, 2.8

Juega en pareja.

1. El jugador 1 da vuelta la tarjeta de arriba de la baraja.

2. El jugador 1 suma 1 ó 2 a ese número y cubre la suma sobre el tablero.

3. El jugador 2 da vuelta la tarjeta de arriba.

4. El jugador 2 suma 1 ó 2 a ese número y cubre la suma sobre el tablero.

5. Sigan turnándose. Si todas las posibles sumas están cubiertas, tomen otra tarjeta.

6. El juego termina cuando todos los números de una fila estén cubiertos. Los números pueden seguirse horizontalmente, ▭▭▭▭▭▭, verticalmente ▯ o de una esquina a otra. ◰

Otras formas de jugar

- Jugar con los comodines. Un comodín puede ser cualquier número.
- Jugar para llenar más de una fila
- Jugar en equipo. Tratar de llenar todo el tablero

BINGO: Más 9 ó 10

Necesitas

- baraja de tarjetas de números básicos (sin comodines)

- dos tipos de fichas (20 por jugador)

- tablero

9	10	11	12	13	14
15	16	17	18	19	20
20	19	18	17	16	15
14	13	12	11	10	9
9	10	11	12	13	14
15	16	17	18	19	20

BINGO: Más 9 ó 10 Tablero

Juega en pareja.

1 El jugador 1 da vuelta la tarjeta de arriba de la baraja.

2 El jugador 1 suma 9 ó 10 a ese número y cubre la suma sobre el tablero.

3 El jugador 2 da vuelta la tarjeta de arriba.

4 El jugador 2 suma 9 ó 10 a ese número y cubre la suma sobre el tablero.

5 Sigan turnándose. Si todas las posibles sumas están cubiertas, tomen otra tarjeta.

6 El juego termina cuando todos los números de una fila estén cubiertos. Los números pueden seguirse horizontalmente, ☐☐☐☐☐☐☐, verticalmente ☐ o de una esquina a otra.

Otras formas de jugar

- Jugar con los comodines. Un comodín puede ser cualquier número.
- Jugar para llenar más de una fila
- Jugar en equipo. Tratar de llenar todo el tablero

Lanzar un cuadrado

Necesitas

- dos dados  o
  cubos numéricos

- 100 cubos conectables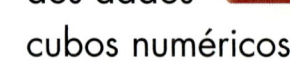

- tablero

Juega en pareja. Trabajen juntos.

1 El jugador 1 lanza y coloca esa cantidad de cubos sobre el tablero. Una fila sólo puede tener 10 cubos. Si sobran cubos, empieza una nueva fila.

2 El jugador 1 mira debajo del último cubo y sigue las direcciones o responde a la pregunta en ese cuadrado.

3 El jugador 1 dice cuántos cubos hay en total.

4 El jugador 2 lanza y coloca esa cantidad de cubos sobre el tablero. Recuerda, una fila sólo puede tener 10 cubos. Si sobran cubos, empieza una nueva fila.

5 El jugador 2 mira debajo del último cubo y sigue las direcciones o responde a la pregunta en ese cuadrado.

6 El jugador 2 dice cuántos cubos hay en total.

7 Sigan turnándose. El partido termina cuando el tablero esté completo.

Otras formas de jugar

- Jugar en el tablero 2
- Diseñar tu propio tablero

Gastar $1.00

Necesitas

- dos dados   o cubos numéricos

- dinero

- hoja de anotaciones por jugador

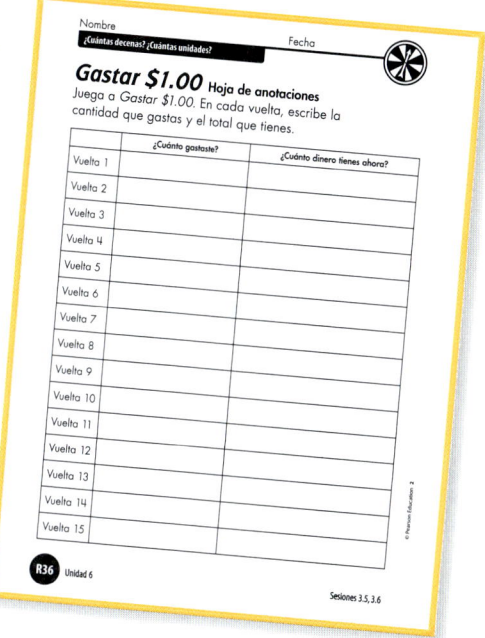

Juega en pareja.

1. Cada jugador empieza con $1.00.

2. El jugador 1 lanza los cubos y resta esa cantidad de $1.00.

3. El jugador 1 anota.

4. El jugador 2 lanza los cubos y resta esa cantidad de $1.00.

5. El jugador 2 anota.

6. Sigan turnándose. Pueden intercambiarse las monedas. Al final de cada turno, calculen cuánto dinero tienen.

7. El juego termina cuando a los jugadores no les quede más dinero.

Otras formas de jugar

- Al final de cada turno, tratar de hacer intercambios para tener la menor cantidad de monedas posible
- Tratar de gastar *exactamente* $1.00
- Jugar con un cubo múltiplo de 5
- Jugar a *Gastar $2.00*

Diez que se van

Necesitas

- baraja de tarjetas de números básicos (sin comodines)
- hoja de papel

Juega en pareja.

1 Cada jugador recibe 5 tarjetas de la baraja de tarjetas de números básicos.

2 Cada jugador busca pares que formen 10 entre sus tarjetas. Los jugadores separan los pares de tarjetas que forman 10, los ponen en la mesa y luego sacan tarjetas nuevas de la baraja de tarjetas de números básicos para reemplazarlas.

3 Los jugadores se turnan para pedirse uno al otro una tarjeta que forme 10 con una de las tarjetas que ya tienen en la mano.

Si un jugador consigue la tarjeta, éste separa el par, lo pone en la mesa y saca una tarjeta nueva de la baraja.

Si un jugador no consigue la tarjeta, "Se va" y saca una tarjeta nueva de la baraja.

Si la nueva tarjeta forma 10 con una de las tarjetas del jugador, éste separa el par, lo pone en la mesa y toma otra tarjeta.

Si un jugador se queda sin tarjetas, saca dos tarjetas nuevas.

El turno de un jugador termina cuando no tenga más pares que formen 10.

4 El juego termina cuando no haya más tarjetas.

5 Al terminar el juego, los jugadores anotan sus combinaciones de 10.

Quitar un cuadrado

Necesitas

- dos dados  o

  cubos numéricos

- 100 cubos

- tablero

Juega en pareja. Trabajen juntos.

1 Coloquen 10 cubos en cada fila del tablero.

2 El jugador 1 lanza y quita esa cantidad de cubos del tablero.

3 El jugador 1 mira debajo del último dado y sigue las direcciones o responde a la pregunta en ese cuadrado.

4 El jugador 1 dice cuántos cubos hay en total.

5 El jugador 2 lanza y quita esa cantidad de cubos del tablero.

6 El jugador 2 mira debajo del último dado y sigue las direcciones o responde a la pregunta en ese cuadrado.

7 El jugador 2 dice cuántos cubos hay en total.

8 Sigan turnándose. El partido termina cuando el tablero esté vacío.

Ilustraciones

Fotografías